主体的学びシリーズⅠ——主体的学び研究所

「主体的学び」につなげる評価と学習方法
カナダで実践されるICEモデル

原著者 ● Sue Fostaty Young・Robert J. Wilson
監訳 ● 土持ゲーリー法一　訳 ● 小野恵子

東信堂

ASSESSMENT & LEARNING : THE ICE APPROACH
by
Sue Fostaty Young & Robert J. Wilson
© 2000 by Sue Fostaty Young & Robert J. Wilson

Japanese translation rights arranged with Portage & Main Press, Winnipeg
through Tuttle-Mori Agency, Inc., Tokyo

目次／「主体的学び」につなげる評価と学習方法

主体的学びシリーズ発刊にあたって …………………………………… iii
監訳者まえがき ……………………………………………………………… v
日本語訳の序文 ……………………………………………………………… xi
謝辞 …………………………………………………………………………… xii
第1章　アイデア（Ideas）、つながり（Connections）、応用（Extensions） … 3
　　ICEとは ……………………………………………………………… 3
　　ICEを裏付ける理論 ………………………………………………… 9
第2章　ICEを教育と学びに応用するには ………………………………… 15
　　評価が難しい領域で進歩を見守るには…………………………… 20
　　ルーブリックを使って［学習の］進歩をマッピングする ……… 41
　　試験で進歩の度合を要約する……………………………………… 54
　　学習者とICEを共有する ………………………………………… 70
　　生徒たちのICEへの反応 ………………………………………… 79
第3章　ICEの汎用性 ………………………………………………………… 83
　　カリキュラムの広い範囲に応用する……………………………… 83
　　多様な学習成果に応用する………………………………………… 90
まとめ ………………………………………………………………………… 103
付録 …………………………………………………………………………… 104
参考文献 ……………………………………………………………………… 106
原著者の略歴 ………………………………………………………………… 108
監訳者と翻訳者の略歴 ……………………………………………………… 108

主体的学びシリーズ発刊にあたって

　大学教育に授業収録や映像活用で協力する仕事を続けて約10年になりますが、何かもどかしさを禁じ得ませんでした。現場で教育改善に奮闘している先生方やスタッフの熱い思いが伝わってきても、それに対して技術的制約ほかのいろいろな理由でわれわれが対応できずに答えられない事が数多くあります。

　もちろんIT技術とその応用分野にズレがあるのは当然のことですし、そのズレ自体が技術の急速な発展を生んできたのも事実です。しかしこのもどかしさの元にはわれわれが教育現場の問題点を理解できていない、あるいはその問題点自体を教師や管理者が十分に把握していない場合も多い、という現実が存在します。それに関わるには多くの熱心な研究者や教師が奮闘しているその現場に飛び込むことしか無いかも知れないと考えました。

　そのような状況下にあったので、思いを共有する人々と主体的学びについてもっと深く知ることが必要だとの話がでたとき、とんとん拍子に研究所を作る話がまとまりました。文部科学省や経済界の言を待つまでもなく、学び方自体を学んだ学生が重要であり、そのために学生主体の授業が求められていることは明らかですが、それを実現するためには実践に裏付けられた考え方と方法論が必要です。必ずしも教育の専門家でない人間がこのような主題で貢献できることはあるでしょうか。

　幸いなことに仕事を通じて全国の大学の教育現場の先生方との交流があり、目を世界に向ければ約1200の大学がユーザーとして存在しています。またご利用いただいているシステム自体が映像を使った情報発信とアーカイブを目的としたものですので、この機能を生かすことも期待できます。

当研究所としては学術的な研究をするというよりは、様々な現場で生み出された知見と人々の交流を図り、それらの情報をまとめて利用可能にして発信をすることを目指すことにしました。海外のネットワークを活用して、まだ日本で普及していない理論・知見・方法などのなかで日本の現場で有効と思われるものを翻訳出版することも手掛けていきたいと思います。

　本書はその一環で生まれた最初の取組になります。主体的学びに対する本書の意義については監訳者の土持ゲーリー法一先生の「監訳者まえがき」に述べられている通りです。

　主体的に学ぶためには自ら体(頭脳をふくむ)を動かす必要がありますが、研究所もまず動きだし、分散して存在する知見(I)を、活動により関係づけ(C)て新しい展開(E)を生み出す、というように発展していきたいと思います。

　研究所としては本書をシリーズ化の第一弾と位置付け、出版を継続し、原著者などの海外の教育関係者を招聘して講演会・セミナー・ワークショップ等を企画し、国内の実践や活動などの紹介セミナー・勉強会などを行い、映像撮影して広く公開することで主体的学びの啓発につなげていきたいと思います。様々なご意見をお寄せいただくことを期待しています。

主体的学び研究所　所長　小篠洋一

監訳者まえがき

　本書は、Sue Fostaty Young と Robert J. Wilson の共著 *Assessment & Learning: The ICE Approach*（Winnipeg Canada: Portage & Main Press / Peguis Publishers, 2000）の全訳である。日本語のタイトルを『主体的学びにつなげる評価と学習方法——カナダで実践されるICEモデル——』とした。ICEはアイスと発音する。「学習」が基本的に主体的学びでなければならないことは論を俟たない。しかし、日本では義務教育はおろか、大学教育においても主体的学びが行われているとは言い難い。中央教育審議会は、2012年8月28日に『新たな未来を築くための大学教育の質的転換に向けて——生涯学び続け、主体的に考える力を育成する大学へ——』と題して答申した。これは、大学において主体的学びや考える力が育成されていないことを裏づけるものである。諸外国と比べても、日本の状況は際立っている。数年前にOECDの学習到達度調査（PISA）で日本の「読解力」が低い水準にある公表に衝撃を受けたことは記憶に新しい。

　日本の学校教育において主体的学びが育ちにくいのは、伝統的に根強い教育観も影響している。たとえば、「学び」とは「真似る」という語源から由来し、儒教の影響も加わって、教わったことに忠実に従うことが尊重されてきた。その結果、教師の教えを盲目的に模倣する受動的な文化が自然と定着し、主体的に考えることがおろそかにされた。「学び」には、「インプット」と「アウトプット」の2つの側面があるが、日本の場合、受験の弊害も相まって、「インプット」が過剰に評価される社会を醸成した。これらの反省を踏まえて、最近では、学習のアウトプットである学習成果が厳しく問われるようになった。しかし、原因がどこにあるかはわかっていても、それをどのように克服

すれば良いのか適当な手段が探せないでいた。

　そのような時、偶然に手にしたのが本書である。「学び」には、基本的知識を学習するものから、一歩進めて、そこでの学びを「つなげる」ことで、主体的学びに導き、さらに応用して伸ばせるという授業方法があることを知った。それが本書で紹介するICEモデルである。２０１２年９月に共著者のヤング博士にカナダのクイーンズ大学で会って直接に説明を聞いたとき、「目から鱗が落ちる」思いがした。"Ｉ"とは、アイデアのことで、学校で学ぶ基礎的知識のことである。表面的に学んだ知識は「浅い学び」と呼ばれ定着しにくいが、学んだことを他と関連づけることで「深い学び」となり、記憶に残る。日本では"Ｉ"の部分が肥大化している。

　ICEモデルでは、"Ｃ"の「つなげる」ところが重要である。「つなげる」と言っても、何をどのようにつなげば良いのか抽象的でわかりにくい。これは「質問する」ことで、深いつながりに繋がる。「つなげる」とは、英語の"hook"（釣針）に似たようなものであると考えている。これを逆さにすれば、クエッションマーク（？）の形になる。すなわち、「質問する」ことで"hook"され、記憶に残る。"hook"には、「理解する」（学生の俗語）という意味もある。しっかり"hook"させなければ、すぐに忘れ去られてしまう。

　戦後日本の高等教育改革に携わったGHQ/CI&E教育課高等教育班イールズは当時の学生と教員の関係を、「日本では学生は教室にじっと座っている。先生は土びんから水を注ぐように上から知識を注ぎ込む。後から後から注ぎ込む。一杯になるまで注ぎ込む。場合によっては受入れるものが一杯になってもまだ注ぎ込む。日本の学生は湯呑みのように扱われている」と風刺的に当時（1947年）の状況を分析した（注：土持ゲーリー法一『戦後日本の高等教育改革政策～「教養教育」の構築』玉川大学出版部、2006年、214頁）。

　中教審答申の影響もあって、ルーブリックによる客観的な評価基準が注目されている。本書の特徴の一つは、本文でも明らかにしているように、ルーブリックによる「表現の曖昧さ」をICEモデルで補完している点である。たとえば、ルーブリックで使われる言葉に注目してもらいたい。「いくらか」、

「ほとんど」、「すべて」、「もう少しで」などの言葉はルーブリックの計量的な性格を示すものである。その点でICEモデルは、「ルーブリックを超えた評価と学習方法」であるといえる。具体的には、ルーブリックによる評価が計量的なものであるのに対して、ICEモデルの評価は質的なものである。すなわち、結果よりも、学習過程を重視する。筆者は、ラーニング・ポートフォリオ（本書では、学習ポートフォリオとなっている）に関心をもち、学生に学習過程を振り替えさせ、コンセプト・マップ（概念マップ）を描かせ、そこからポートフォリオに発展させる授業方法を取っている。ここでの一連の流れは、偶然にも、ICEモデルを踏襲するようなものである。

　本書は、ICEモデルの理論を学校現場の実践で裏づけるという事例研究を取っている。たとえば、「授業でよくあるのは、暗記して、それを試験の答案などに書いて、そして忘れてしまうのです。この(ICEモデルを使った)授業で私たちは自分たちが習っていることにもっと関与します。もし、つながり(C)と応用(E)をすることができたら、そのことをしっかり学んだのだということが今わかるようになりました」のような子どもの体験談も引用している。

　第3章「ICEの汎用性」で、「ICEは教えるためと評価の両方のツールとして、グラフィック・アートから算数・数学の問題を解くことまで様々に異なった分野で、そして幼稚園児から大学院生にまで効果的に使うことができることを示している」と述べているように、大学に限定されることなく、すべての学校現場で適用することができる基本的なモデルである。ICEモデルは、本書の刊行後も深化を続けている。共著者のヤングによれば、"ICE"モデルで注目すべきことは、各レベルで使用される「動詞」を明確に定めていることである。多くの学習成果では、「学生が理解する」とか「学生がわかる」ことを求めるが、「理解する」と一概に言っても解釈が異なる。たとえば、「理解する」にはリストできるとか、何かを説明できるとか、あるいは何かを予測できるなどの意味も含まれる。ヤングの授業では、"ICE"モデルを示して、それぞれの動詞についても説明している。これは教員にとっても学生の学習成果を明確に測ることができる優れたツールである。学生に何か仮説を立てさせる

場合でも、具体的な動詞を使用することで認知に繋げることができる。学生が何かを学ぶ場合でも、"I"レベルにリストされた動詞のどれを使っているかがわかる。これは、学生にも教員にも何をどのように理解しているかを具体的にわからせることになる。たとえば、Iレベルの動詞として、「定義づける」「記述する」「説明する」「分類する」「比べる」「明らかにする」「列挙する」「位置づける」「明確に理解する」、Cレベルの動詞として、「応用する」「比較する」「対比する」「類別する」「組織化する」「分類する」「識別する」「解釈する」「統合する」「修正する」「評価する」「解決する」、そしてEレベルの動詞として、「計画する」「展開する」「診断する」「評価する」「既存の資料に基づいて推定する」「審理する」「予測する」を使用させている。詳細については、『教育学術新聞』（2012年10月24日）「中教審答申を授業改善に繋げる（2）――Student Engagementを促すアメリカの大学――」を参照。

　訳語について説明しておきたい。たとえば、"Evaluation"と"Assessment"と言う英語について、日本では両方とも「評価」と訳しているが、厳密には両者には重要な違いがある。詳細については、L．ディー・フィンク『学習経験をつくる大学授業法』（玉川大学出版部、2011年）を参照にしてもらいたいが、アセスメントによる評価は「改善を促す」ものである。フィンクは、これを「教育的アセスメント」と呼んでいる。本書では、便宜上「評価」としているが、原文では"Assessment"となっていることを断っておきたい。

　"Journal"という用語は、学習日誌のようなものである。通常、これらの日誌は、学生が学習の意義や応用を批判的に分析し、記録するのに必要である。学生が、教室で学んだ理論と実践を適用することが想定される看護学、教育学、作業療法学などのように専門プログラムの一部として「ワークスタディ」あるいは実用的プレースメントに従事するとき、これらのタイプの日誌がしばしば必要になる。日誌に書き込むことによって、学習者は思考のプロセスをたどり、現場でどのような活動に参加したかを記録し、経験によって学ぶ中心課題の結果を振り返り、そして得られた知恵を分かち合うことができる。

コープ(Co-op)教育は、単位科目としての職業要素として広くカナダで用いられている。コープ教師とは、学生の職業を監督したり、評価したりする教師のことを指す。

　ルーブリックについては、本文でも「特定の学習課題に含まれる重要な要素と、成長が進む過程での各レベルにおける学びの特徴を詳しく述べて、表のような形にまとめたものである。通常は学習の要素がページの左に縦に記され、これらは[達成されるべき]特定の学習成果から来るものである。達成したことの性質を述べるものはページの上に横に書かれ、これで読みやすい表ができる」と述べられている。近年、論文やレポートなどの評価手法として日本の大学でも広まりつつある。これは、評価規準（Criteria）と評価基準（Standards）のマトリクス表で、学習することにより身につく力を明確に示すと同時に、学習成果の客観的な評価を行う際の指針となる。アメリカでは、ルーブリックは黒板の発明以来の教育者にとって最も便利なツールの一つであると言われている。ルーブリックは、教員の成績評価の時間を節約し、効果的なフィードバックを可能にし、学生の学習を促進する評価方法である。最も基本的なことは、ルーブリックは、課題に対して教員の期待を明確に学生に示すことができる採点ツールで、さまざまな課題やタスクの評価に使用できる。たとえば、研究論文、本の批評、議論参加、実験報告、ポートフォリオ、グループワーク、口頭のプレゼンテーションなどに使用できる。（注：Dannelle D. Stevens and Antonia J. Levi, *Introduction to Rubrics: An Assessment Tool to Save Grading Time, Convey Effective Feedback and Promote Student Learning*, Stylus Publishing, LLC, 2005を参照）

　翻訳者の小野恵子さんについては、本書を一読していただければわかるように、全体を通してわかりやすい訳語で表現されている。さらに、読者に文脈がつかみやすいように、「　」を付けて補足説明を加えてもらっている。まさしく、プロの翻訳者である。ここに謝辞を述べたい。

　本書を刊行するにあたり、多くの人に支援してもらった。とくに、メディアサイト株式会社村上修一代表取締役社長、そして主体的学び研究所所長小

篠洋一氏には本書の「主体的学びシリーズ発刊にあたって」も執筆してもらった。また、主体的学び研究所研究員花岡隆一氏には、出版社および翻訳者との交渉などで全面的に協力してもらった。これらの方々なしに、本書を刊行することは不可能であった。
　最後に東信堂の下田勝司社長に感謝の意を表したい。限られた短い日数の中でカナダ側の出版社との交渉、編集そして刊行を矢継ぎ早にしていただき、いつもながらの誠意ある態度に謝辞を述べたい。

2013年3月末
土持ゲーリー法一

日本語訳の序文

『評価と学習方法』に関する著書を翻訳してくださるという土持ゲーリー法一博士の申し出をとても光栄に思います。ICEモデルについて、日本の高等教育関係者と共有できることは大変うれしいことです。学習と評価に関するICEモデルが、日本における教育開発や授業実践に役立つことができればとてもうれしいです。このプロジェクトの企画そして監訳するという土持博士の忍耐強い努力に心からの感謝を捧げたいと思います。

原書のICEテキストは、教師用便覧として書かれたもので、学習と評価についての有効で簡易な分類学法について概説するのに適し、読みやすいリソースになることを意図しました。原書の主たる読者は、北米の初等および高等学校の教師を対象としたものでした。しかしながら、刊行後、ICEモデルはさまざまな教育関係者や異文化関係者にうまく適用されました。北アメリカ、ヨーロッパ、およびアフリカの大学と大学教員は、学生の学習に関してICEモデルを採用したことで自身の教えがかなり改善したと報告しています。

ICEモデルが共有され、討議され、学習の本質や重要な評価実践においてどのように支援されるか議論されることを心から願っています。

Sue Fostaty Young, PhD
Robert J. Wilson, PhD

謝辞

　どのような教育実践もアセスメントと同じように、教え、学ぶことに関して教師の哲学、信念、そして価値については多くのことを明らかにしないであろう。アセスメントとは、何が評価されるかに関しての宣言である。教育と学習に関しての評価実践の発展においての試行と成功を共有してくれた教師たちに心から感謝の意を表すとともに、その過程で効果について自らの洞察を快く提供してくれた彼らのクラスの生徒たちにも感謝したい。

「主体的学び」につなげる評価と学習方法
――カナダで実践されるICEモデル――

第1章
アイデア(Ideas)、つながり(Connections)、応用(Extensions)

ICEとは

　学校における学業の評価はそのほとんどが、規範的な評価と基準に基づく評価を併用したものとなっている。規範的な評価とは生徒同士を比べるもので、基準に基づく評価は［それぞれ生徒を］ある種の標準や［あるべき］結果などと比較するものである。［A,B,Cなど］文字による成績(主として規範的)と教師によるコメント(主に基準に基づく)を併記した成績表はそのような傾向をよく表している。教師がこうしたモデルを採用するのは、成績を報告する義務と慣習によるためである。

　規範的な評価と基準に基づく評価は双方ともに、［生徒の試験やレポートなどの］「プロダクト」が元になっている。この生徒が提出した課題はどの程度、期待される結果に近づいているか(基準)、またはほかの生徒と比べてどうか(規範的)？——などである。こうした評価方法は教師にとって最も重要な業務の一つである他者への報告という点においては有用である。しかし、生徒たちがどのような「プロセス」を経て学んでいるかについて情報を提供するという点では、あまり役に立たない。

　研究を通じて明らかになったことであるが、学ぶ者や内容のいかんにかかわらず、学習のプロセスは同じようなパターンをたどることが多い。最初に

コンピューターの前に座った時のことを考えてほしい。まず、最初に電源を入れる方法、そしてより大切なことであるが、電源を切る方法を知る必要がある。ほとんどの場合、次には決められた単純作業、たとえば、ワープロ機能をどう使うか、Eメールをどうやって送ったり受け取ったりするかを覚えるために、マニュアルを注意深くたどって行かなければならない。こうした基本的な作業が当たり前にできるようになって初めて、近道があることがわかってくる。スペルミスをした言葉を戻って直すのではなく、その言葉をクリックし、出てくるほかのスペルの中から正しいものを選ぶのである。打ち直す必要はない。手順をマスターすると、すべてのステップをきっちり決められた順序でたどる必要はほとんどなくなる。近道を使えばいいのである。

　こうした近道からさらに進んで、学習者は学んでいる内容にクリエイティブな要素を加え、本来とは違ったものにすることがある。たとえば、生徒が文字を楷書や草書で書き写し、そして文字をつなげて言葉にしていく。その中には、そこで学んだことを使って自らの芸術的な表現を作り出す生徒もおり、自分の名前や署名を様々な凝った形で表現したりする。このように、学んだことを発展させて新しく、創造的なところにまで高めることこそ、本当に身についた学びと言える。

　教育の大きな部分は、学ぶ者がそれぞれの学びにおいて成長するのを助けることである。[だとすれば]教師にとって役に立つ情報は、学習者がそれぞれの成長過程のどのあたりにいるのかを教えてくれるものである。この種の評価において最も有益なのは[生徒を]ある種の標準や規範と比べるのではなく、その生徒が前にはどうだったかと比べることである。その比較こそが、ICEモデルと本書の核となるものである。

　このICEアプローチが有益なのは、それぞれの生徒がどれだけ前進したかを本人のスタート時点と比べて評価できることである。勉強を始めた時に

第 1 章　アイデア (Ideas)、つながり (Connections)、応用 (Extensions)

本人が同じクラスの他の生徒と比べて進んでいたのか、遅れていたのか、それとも同じくらいだったかなどは関係ない。教師はこれに基づいて、生徒が今どこにいるかにかかわらず、さらに学びを深めることができるよう、それぞれに助言と課題を与えることができる。

　成長という道を歩き始めたばかりの生徒であっても、前に進んでいることが確実にわかるので、そうでない時のようには不満を感じないで済むのである。前に進むスピードがほかの生徒より遅かったとしてもそのことはそれほど重要でなくなるのである。教師は、生徒に修得してほしいことを、それぞれの生徒のニーズと特徴に合わせて調節することができるようになる。

　学習の評価に対するICEアプローチと、そこから派生する学び方への提言は、教室という現場で、その場で起こるものである。きっちりと事前に計画しようとしても、無理なことが多い。教師と生徒が実際にこのアプローチを使うのに必要なのは、学びの成長を測る「持ち運び」が可能なツールであり、それは思い出しやすく、かつ正規の授業とそうでない状況の双方で使えるものでなければならない。「持ち運び」が可能なICEが役に立つのは、成長を評価するテクニックとして常に持ち歩くことができて、一般化が可能である点である。生徒や科目、生徒の年齢、そして小中高どのレベルかなどにかかわらず適用できる。

　「持ち運び」が可能なICEは、教師はすぐその場で手軽に使えて学びの成長を測れる評価方法を歓迎し、実際に利用するだろうという前提に基づいている。心理学、教育学、看護学など多様な分野の研究で、学習者が初歩から始まってより高い能力と知識に至るまでどのように成長をとげるかがわかってくる。ICEは学習におけるこうした段階を簡略化し、具体化するものである。

学びのプロセスにおける最初のステップは**アイデア**(Ideas)である。アイデアとは学習を形作るブロックのようなもので、ある過程における複数のステップ、必要な語彙、そして初歩的な技能など、いずれも新しいことを学ぶのには欠かせないものである。ICEを高校の授業で使っているある教師は、アイデアは生徒が黒板に書いてあることと教科書から集めた情報だと説明している。生徒が取ったノートに書かれている事柄がそうである。この教師は生徒がこうした基本事項を押さえていても、それはあくまで情報であり、知識を持っているというだけのことである。

学習者が何か新しいことに初めて触れる時、取るべきステップを知りたいと思うのが自然である。そして、要領をつかむまでは、それらのステップをきっちりと守る。最初にコンピューターを使った時のことを考えてほしい。電源のスイッチがどこにあるのか、さらにはマウス、左クリック、アイコンなどをどう使うか、具体的な細かいことを教えてもらわねばならなかった。

どのような手順を取るかは、**アイデア**(I)による。これらのアイデアはお互いに関連のある形でつながっていることもある。Bができるようになるには、まずAをしなければならないというようにである。一方で、取るべきステップとステップの間に明らかな関係がないこともある。看護学教師のパトリシア・ベナーは新米の看護師が検温、血液検査、病歴の記録など最も一般的な業務の遂行をどのように身に着けていくかを観察した。最初は、見習い看護師たちはマニュアルに書かれた指示の通りにすべてをきちんと実行していた。ベナーによると、より経験を積んだ看護師たちはこうしたルールを完全に、そして丁寧に守ることはほとんどなく、その代わり全体として仕事の質は落とさずに、より効率的にできるようにする近道を学んだ。

教師たちも、授業計画について同じようなことを報告している。新任の教師は、準備する授業案に教えるべき事柄を一つずつこと細かく記録していた。

授業で得られるべき成果、それに至るステップ、利用するリソース、重要な質問、課題などである。一方で経験豊かな教師は授業でたどるべき、次のステップをほんのわずかな言葉で表現できる戦略を編み出したようである。

　こうした近道ができるのは、これらの教師たちが、ステップを繰り返し使うことによって、学習の過程におけるある部分と部分の間にある**つながり**（Connections）を作ったからである。たとえば、このトピックに関する授業であれば、ステップ3から5は割愛して、ステップ6に行く、というような近道を身に着けるのである。どんな状況なのかを把握して、次に何をしたらいいのかを判断するわけである。こうしたつながり（Connections）は、学習者が（といっても、この場合は教師だが）、重要事項のうち個々の要素と要素の間にある関係を理解し、はっきりさせるときに起こる。つまり、彼らはアイデア（I）同士がどのようにつながっているのかを理解できているということである。

　私たちが学習者に期待したいのは、このように理解を深めていくことである。生徒にそれぞれ孤立した知識の細切れを要求する時のことを考えてほしい。穴埋めや選択肢問題のほとんどはこのレベルの理解を求めるものである。こうした試験問題を多用しすぎると、私たちが強調している、個々の知識と知識の間に関連（C）があるということが忘れられがちになる。

　つながり（C）が作られるということにはもう一つ、より深い意味がある。それは学んだこととすでに知っていることの間に関連をつけるということである。すでにあった知識は今学んでいることと直接関係ないかもしれないが、人間には新たに得たものとすでに知っていることを関係づけたいという欲求があるようである。会話で「ああ、それは………と同じようなことですね」ということはよくある。この種のつながり（C）もまた、より深い学び、つまり、後になっても思い出して使える学びと関係がありそうである。

学校の教科の中で、算数はこの二番目の深いつながり(C)を必要としないで教えられているように思われる。生徒たちは多くの場合、決まりきった課題をこなすための計算方法を暗記して、運が良ければ、そうしたルールに当てはまるからという理由でそのために選ばれた試験問題に、そのルールを当てはめる機会が与えられる。このような学習方法では問題解決が難題となることが多い。なぜなら、この教育・修得方法では学んだことを応用するのに限界があるからである。映画館に通ったり、店で音楽CDを買う経験が豊富にあったとしても、物の値段の違いは数式の形を取り、この場合は直線の式に基づいているということはわからないだろう。どんなテーマや科目であっても、生徒には彼らがすでに知っていることと今学んでいることの間につながり(C)を作るように導かなければならない。

応用(Extensions)は、学びの成長における最終段階であり、学習者が作業のルールを参考にしなくてもよくなり、意識的に知識と知識を関連づけようとしたり、自らの過去の経験とつなげようとしたりしなくてもよくなった時に起こるものである。この段階では学習者は学んだことを十分に自分のものにしているので、それが自分のアイデンティティの一部になる。この「自分のものにする」ということが起こると、学習者は次のような推測の質問に答えることができるようになる。「この新しい知識は、自分の世界観にどう影響するか？」。新たな学びは古い学びから、ユニークで創造的な形で作り上げられ、最初の学習の状況や環境とは離れたものになるかもしれない。ルールは「格言」に取って代わられ、その格言とはどこにでも持っていける意味のある真実で、表現されることは少なく、表現すること自体が不可能であるかもしれないものである。

学びにおける段階〜アイデア(I)、つながり(C)、応用(E)はそれぞれ、初心者からエキスパートへ、つまり、表面的なものから深い知識へと学びが深まっていく過程をそれぞれ表している。

アイデア(I)が形になって表れるのは、生徒が重要基本事項、基礎的な事実関係、語彙と定義、詳細、基本的な概念を伝達できる時である。

つながり(C)が作られるのは、生徒が基本概念と概念の間にある関係やつながりについて説明することができる、または生徒が学んだこととすでに知っていることの間にある関係やつながりについて説明できた時である。

応用(E)があるのは、生徒が新たに学んだことを本来の学習の場からは離れたところで新しい形で使う時、または生徒が「それにはどんな意味があるのか？」「自分が世界を見る見方にどう影響があるか？」というような仮説の質問に答えられる時である。

ICEを裏付ける理論

ブルームが提唱した学習目標の分類は、1950年代に学習課題の達成という分野における発展についてまとめようとして出来たもので、こうした動きは当時は新しかった。この分類方法は、学習を行動主義的にとらえる考え方が元になっていた。実際、行動と学習は同一と見られていたのである。だがその後数十年の間に、学習過程を研究する心理学者らは、学ぶということは刺激に対する反応を修得するというだけではなく、様々な出来事にどう反応をするかを決める過程が内部で起こっているのだということを徐々に理解するようになってきた。

ブルームらによる複数の分類方法はまた、学習によって得られる成果を重視した。行動主義のモデルでは、学習者が学習の過程においてどうなるかではなく、得られた結果がどんなものであるかだけが重要なのである。

ブルーム及び他の分類方法が発表されてから半世紀近くが経ち、認知心理

学者らはこの間に、ごくわずかな知識から多くの知識へ到達するまでに、人が使うメカニズムを理解するのに大きな前進を遂げた。たとえば、学習者の中には学ぶ際に、「表面的」な方法をよく使い、自らが修得したことを課題で求められている具体的な答えに合わせようとすることで満足してしまう人たちがいる。学校で選択問題や穴埋め問題などの評価方法を多用しすぎると、そのような意図がなくても、こうした学習方法に肩入れする結果になることが多い。

教えることと評価の両方で、より効果的なのはどこまでの範囲を学んだかではなく、どれほど深く学んだかに重点を置くことである。学んでいる様々な事柄の間に関連があることに気づかせ、新たに学んだことをすでに理解していることと関連づけさせるのが目的であるなら、そのためには異なった戦略が必要になる。例をあげれば、誰にでもあてはまるフリーサイズの評価方法だと、個人によって異なるこうした学びの形を考慮することは難しい。すべての生徒が同じことを、同じ理解度で学ぶことを求める教え方についても同じことが言える。（これらの点について、より詳しく知りたい読者のために、本書の終わりに解説つきの参考文献リストを記した）。

学ぶということをこのように考えられるようになって、学びにおける成長についても考えることが可能になった。学ぶとは、個別の情報を少しずつ蓄積するだけではなく、学習者の頭の中でそれらが操られ、変えられ、新しいものになるということである。

一部の学校ではいまだに行動主義に基づく評価ツール（数多い短答問題、穴埋め、選択問題など）が重用されているということは、こうした考え方がまだ全面的には受け入れられていないことを意味する。ルーブリック（Rubrics）の利用において最近出てきた動きも、いまだに、より多い方がより良いという考えに固執している。

生徒が何かを達成する時に起こる認識的な変化を早くから提唱したのはジョン・ビグスとケビン・コリスである。彼らは、年齢の異なる生徒たちが多様な科目のさまざまな問題にどう答えたかを研究した。これに基づいて新たな分類方法を開発し、これをSOLO（Structure of Observed Learning Outcomes／観察された学習成果の仕組み）と名付けた。パトリシア・ベナーは同じく、新人看護師が看護で熟練するのに必要な技能をどう磨いたかに注目した。

ビグスとコリスは、認知発達のピアジェ学派の見方にしたがって、ただし、ステージ理論に過大に組みすることなしにだが、生徒の反応を分析した。これらの反応に基づいて、彼らは5つの種類を考え出した。

1　組み立て以前のレベル（Prestructural Level）
　　これは最も低い段階で、学習者は質問にどのようにアプローチしていいかさえわからず、その結果として、質問に関係のない答えをするか、または答えない。
2　一通りの組み立てレベル（Unistructured Level）
　　この段階では、学習者はある一つの情報に焦点をあて、それに集中するあまり、ほかのことは無視する。
3　複数の組み立てレベル（Multistructural Level）
　　学習者は複数の情報を提供するが、それらを関連づけようとはせず、羅列する。
4　関係づけるレベル（Relational Level）
　　進んだこの段階では、学習者は見出しやカテゴリーを使って情報をまとめる。
5　発展抽象レベル（Extended Abstract Level）
　　最後に、学習者は学びをさらに先へ進めて、新たな対話の形へと発展させる。

ビグスとコリスの研究でもう一つ興味深いのは、実際に学んでいる人たちが、多様な科目で実際の試験問題に対して出した答えを見ることから、理論を導き出したことである。

　ベナーは自らの研究で、見習いの看護師が作業をするのを観察した。たとえば、薬剤を投与したり血液を採取したりする際、経験を積むまでは手順を厳格に守る。そのうち、必要な手順の間にある関係がわかるようになると、複数のステップをまとめて済ませたり、場合によっては一部を省略したりしても、患者に危険が及ばないようにできることがわかってくる。技能がしっかり身に付くと、患者のある特徴、たとえば腕から液体が採集されているのに気づいて、血液を採るのをやめて、まったく違ったアプローチをとることもあった。

　学習における進歩という原則は、手を使って何かをする技能であっても、頭で考えることでもどちらにもあてはまることに注目されたい。行動主義の伝統においては、学ぶということは認識、感情、精神運動という知識の領域に人工的に分類され、それらは独立し、お互いに関連のないプロセスであるかのように扱われた。今日では学習はあらゆる領域において認識の働きの影響を受けていることがわかっている。ということは、学習者が状況によって、かなり異なった能力を発揮することがあるということで、これは、学習者の間でよく見られることである。

　ビグスとコリス、そしてベナーはいずれも自らが開発した新しい[教育成果の]分類方法を持ち運び可能なものとは見ていなかった。本書で我々がしたのは、「初心者からエキスパートへ」に関する研究成果を簡略化し、教師が常に身に着けてアクセスできるような、成長に関する考察を提供することである。教師だけでなく学習者自身も使うことができ、自分の成長をモニターできる。彼らの研究を簡略化し、要約したわけだが、それによって、彼らの

意図を曲げてないことを期待する。

第2章　ICEを教育と学びに応用するには

　ICEという考え方はそもそも、学習が持つ発達や進歩という性質の特徴を述べるモデルとして、教師がどうしたらそのような発達や進歩を教室で伸ばせるかをより良く理解する目的で始まった。その前提にあるのは、学びの過程をより深く理解し、重視することで、私たち教師は［生徒たちの］学びをもっと促進することができるということである。

　教えることと学ぶことの2つは切り離すことができない。教師が何をどのように教えるかは、どんな生徒たちが対象になるのか、すでにどの程度の知識があるか、どのように学ぶか、学ぶ目的は何かなどによって決まる。教えることと学ぶことの過程は、学習者それぞれの進歩を見守ることからくる学習評価とそれに対する教師からの応答という連続線上で始まり、継続し、そして結末に至る。

　教師は生徒の学びの性質について継続的に評価を下し、それが次に何をどのように教えるかの決定材料となる。学習の評価という点で、教師は正式なそしてそれ以外の方法を使って、第六感とでも言うべき感覚を発達させ、それぞれの生徒がどれほど理解しているかを迅速に把握できるようになる。しかしこうした「第六感」があったとしても、教師にとって、生徒の学習レベルがどの程度まで進んでいるかを見分けるのに役立つ具体的な特徴や目印などを正確に定義するのは難しいことがある。

ICEが提供する枠組みは学習者が学びの上でたどる成長線のどこにいるかを示す特徴や目印を明らかにすることを助け、そのため教師は学習の成果が最大になるように教え方に関する決定を下すことが可能になる。ICEを実際に使った次の例はこの枠組みと、それが教えることと学ぶことにもたらすことのできる利点を明らかに示している。

＊　＊　＊

　ジャネット・ブービエの8年生の学級では、ロバート・フロストの詩「石垣修理」を読んで、それぞれが自分で見出した意味について短いエッセイを書く宿題が出た。予想通り、この課題への答えは様々だったが、[教師である]ジャネットにとっては、どのエッセイにより良い成績をつけるべきか、最終ドラフトとして自分の期待に添わなかったのはどれかを決めるのは難しくなかった。[教師として]訓練を受けた彼女としてみれば、出来が良いものは良いのであって、教師であればだれでも同じような評価をしただろう。その考え方はおそらく正しいが、ICEを使うことで、何が良い答えかを判断するにあたって、本能的なものだけに頼らないことが可能になった。さらにはこの[ICE]枠組みを使うことで、宿題の質問に対する最初の答えがどれほど詳しく綿密であったかにかかわらず、[ジャネットは]それぞれの生徒が引き続き成長することを励ますようなフィードバックを明確に述べることができるようになった。

石垣修理

垣を好かないものが何かあって
　その垣の下の　凍てついた地面をもち上げている
　そして　日だまりの所に　垣の天辺の丸石を落とし
　二人の人間が向かいあって通れるほどの隙間(すきま)を作ってる
　むろん猟師たちの仕業(しわざ)によって隙間ができることもあるが　それは別
　以前僕は連中の後を追いかけていって　彼らが
　石ころ一つ残さずに　崩してしまった所を修理させてやったものだ
　それにもこりず連中は　吼え叫ぶ猟犬どもを喜ばせようと　よく
　うさぎを　その穴蔵から追い出そうとしていたものだ　ただここで僕が言う隙間とは
　知らずしらずのうちにできる類のもので
　春の垣修理の時期になると　きまっていつも目にとまる隙間のことなのだ

そこで僕は　丘向こうの隣人にその隙間のことを教えてやる
そしてある日僕たちはおち合い　垣根の境に沿って歩いていきながら
互いに　石垣を積み直していくのだ
僕たちは　その石垣を間にはさんで進んでいく　それも
双方の地所にころげ落ちた丸石を　互いの手で積み直しながら
パンのような形の石もあれば　中には　まん丸いボールのような形のものもあり
それらが落っこちないようバランスをとるのに　こんな呪文（まじない）を唱えねばならぬほど
「背中向き（うしろ）になるまで　そのままじっと」
そんな石をさわっていると　指先がすれて荒れてしまう
何ともはや　一対一にわかれて行なう　一種の屋外ゲームさながら
ともかく　その程度のものでしかないのだ
本来　ここでは　石垣など不必要
だって　彼の所は全部松林で　僕の所は林檎園なのだから
まさかうちの林檎の木が垣を越えて　お宅の松ぼっくりを
食べたりするなんて　ありっこないでしょ　と彼に言ってやる
すると彼いわく　「良い垣は良い隣人を作るなり」
春の陽気のせいか　僕の中にいたずらっ気が起きてきて　彼の頭に
こんな考えを植えつけることはできないものかと思うようになる
「では　どうして良い垣は良い隣人を作るというのですか　それは
牛がいる所での話ではないですか　でもここには　牛なんていませんよ
垣を作る前に　僕が一体何を囲ったり　締め出そうとしてたとおっしゃるのか
さらには　誰かに累を及ぼそうとしてたとおっしゃるのか
そのあたりを　ぜひうかがわせていただきたいものです　要は
垣を好かないものが何かあって　それが垣を
崩したがっているんですよ」「妖精（エルフ）たちですよ」と　僕から言ってやってもよかったが
正確には　妖精だとも言えないし　むしろ僕としては
彼自身に　その辺の所を言いあててほしかったのだ
今その彼が　石器時代の野蛮な戦士よろしく　両の手に石を引っつかんで
向こうのほうから運んでくるのが見える
僕には　彼が闇の中で動いているように思えてならない
むろんそれは　単に森や木陰のせいではない
今や彼は　父親の言葉の真意を深く探ろうともしないのだ
それはもうよくわかっていると満足顔　そして
「良い垣は良い隣人を作るなり」と繰り返すばかり

"Mending Wall"

（出典：「ボストンの北―ロバート・フロスト詩集」訳：藤本雅樹　出版社：国文社（1984/08））

図2・1　「エッセイ：『石垣修理』を読んで」

> この男の人はメイン州に住んでいて、毎年春になると、冬の間に崩れてしまった石垣を修理するのに、隣の人と協力しなければいけません。二人は歩きながら石を拾いあげて、この人はなぜ自分たちがそれをするのかと考えます。なぜなら石垣のこちら側にあるのは松の木で、向こう側にあるのはりんごの木なので、石垣がそこにある意味はないからです。この人の隣人が毎年石垣の修理をするのはなぜかというと、その人のお父さんがそうしたからで、その人はそれだけで修理をするのには十分な理由だと考えています。

　図2・1にある例では、ジャネットはこれを書いた生徒が明らかに詩の表面的な構造における基本的な考え(I)を拾い集めたことは認めた。というのは、この生徒は詩の中で語られているお話を伝える程度にはこの詩を理解したということだ。そうではあるが、生徒がこの詩を読んで自分なりの意味を見出したということはうかがえないし、表面にある言葉の意味をさらに深く掘り下げようという努力も見られない。[この詩に含まれる]考え(I)をただ繰り返すのではなく、より深く読もうとさせるために[教師である]ジャネットができることとしては、石垣を修理するという伝統について生徒自身の意見を述べさせるか、または、この物語で起こった出来事と生徒の日常生活で起こることの間にある共通点を導くようにさせることなどがある。

図2・2　「ロバート・フロストの詩、『石垣修理』を読んで」

> 語り手はあるところで「彼が自分でそう言ってくれればいいのに」と言っていますが、この人はこの詩をそれと同じように書いています。彼は読者にどう考えるべきかを言うのではなく、むしろ、それを示したいのです。この人が伝えたいことは壁は必要ないにもかかわらずそれを修理する愚かさです。壁は障害であり、不自然なものです。「進むにつれて、我々の間には壁がある」というのは、語り手と隣家の人はお互いにコミュニケーションを取ることができないということです。その理由は語り手が物事につい

> ていろいろと考えたいと思っているのに、隣の人は自分の父親が正しいと言ったことをその通りにしたいだけだからです。人生にはたくさん、いつもそのようにしているからというだけで、考えないですることがあります。たとえば学校では、ベルがなったら決まってする事があり、昼食の前にはお知らせを読み上げます。バレーボールや昼食後の片づけはどうでもよかったとしても、そうしたお知らせを聞かなければなりません。この詩は学校で勉強するのにふさわしいと思います。なぜなら、これまでの世代よりも先に進み、これまでに行われていたことを疑問を持たずに受け入れないために、なぜ知識がそれほど大切なのかを説明しているからです。

　図2・2の例を書いた生徒はこの詩に表現されている考え(I)を表面的に理解しただけではなく、そうした基本的な考え(I)を個人的な人生経験につなげて(C)、自分の経験に照らしてこの詩の意味を説明した。この生徒はさらにこうしたつながり(C)をまったく新しい状況に応用(E)して、比喩を使って周りの世界を新しい見方で見られるようにした。ジャネットはこの生徒に対しては、ロバート・フロストの詩をもっと読むように、またはこれと関連したテーマで自分で詩を書いてみるようにすすめることになろう。

図2・3「ロバート・フロストの『石垣修理』を読んで考えたこと」

> 毎年、詩の作者と隣人は双方の土地を区分する石垣のところで落ち合って、石垣を修理します。石垣は冬の間にいくらかの石が落ちてしまうので、春には直さないといけないのです。作者はこの石垣を必要のない障壁として見ており、隣人は石垣の修理をこれまでずっとしてきた伝統だと見ています。この二人の男の人たちは会って、この壁のそれぞれの側を歩きながら石を拾いあげ石垣に戻しますが、来年にはまた落ちてしまうのです。作者が私たちに考えさせたいことは私たちがすることの背景にある理由で、それが本当に必要なのか、それとも伝統というだけなのかということです。作者はまた、この隣人が[自分は]暗闇の中に生きており、石を運ぶのは野蛮人のようだと言っているのは間違いだと思っています。もう一つ、私が

> この詩で好きなところは、石がそもそもどうして落ちたのかという謎です。

ジャネットは3番目の例(図2・3)の最後の文を読んで、即時に興味をひかれた。「もう一つ、私がこの詩で好きなところは、石がそもそもどうして落ちたのかという謎です」。彼女[教師]はこの一文を、この生徒が考え(I)からつながり(C)へと学びにおける転化をとげようとしていることを示すものと理解した。ジャネットからこの生徒へのコメントとしては、よりこの考えを発展させ、なぜ石が落ちてしまったのかを自分で解釈してみるよう促すことなどが考えられる。[つまり、]学びの成長における次の段階へと進むように誘いかけることである。

いずれの例でも、生徒がエッセイに書いた答えは正しい。[教師]ジャネットは[詩の内容を]正しく要約したり引用したりした回数を数えるのではなく、基本的な考え(I)をどう扱ったかによって、それぞれの生徒の学びを判断した。

評価が難しい領域で進歩を見守るには

教室で起こることはほぼすべて、学びがどれほど進んでいるかを見守るのに役立つ情報を教師に与えてくれる。正規のそして従来からある課ごとのテストや宿題、プロジェクトのほかに、教師は略式で堅苦しくない各種の方法も使って学習が進む過程について識見を得ることができる。教室で生徒がたずねる質問、質問に対する答え、生徒がお互いにどう影響しあうか、そしてそれぞれの生徒がディスカッションやグループ作業にどう貢献するかなどはすべて、教師が個々の生徒の進み具合を見守る上で、絶え間ない流れのような情報源となる。さらに、このデータは教師がカリキュラムの中身について判断し、知識レベルをさらに高める形で学習を進化させる教え方[が何かについて]に関する決定を下すにあたって役立つ。

こうした判断の材料になるデータを集める過程は、その形と構造において大いに幅がある。試験の結果や成績がつけられた課題は数字で計れるデータであり、[他の生徒と]比較してどれほど目的が達せられたかを測るのに役立つ。一方、順番をつける物差しやチェックリストは行動的に表されたスキルの前進が一目でわかるように記録するためのものである。また、授業への参加とディスカッションは、生徒がよりインフォーマルで堅苦しくない環境においてはどのような状態にあるかを教師にわからせてくれる。

　比較的きっちりと枠にはめられていない作業や課題における学びをどう評価するかの判断は、教師の経験と勘だけによるものではない。しかし、多くの教師たちはこうした判断を自分でどのように下しているのか、[第三者に]うまくは説明できないだろう。

　グラフィック・デザインを教える教師ノームは、生徒たちが期末の最終課題を発表する前にどの程度作業が進んでいるかを見るために開くセミナーで生徒の最終成績が大体予想できると報告している。彼によると、優秀な生徒たちはこのセミナーに高い関心を示し、他の生徒のプロジェクトについても細かなところまで気が付いて[プロジェクトの]様々な面について発言する。彼らはいわば、「デザイナーの視点」とでもいうものを身に着けたのである。出来のよくない生徒たちは、こうしたセミナーの時に消極的で、何か発言するよう求められてもほかの生徒がすでに言った内容に同意すると言うことが多い。

　教師であるノームにはこの「プログレス・セミナー」でどの生徒が良い成績で修了するか予想できるとしても、セミナーでのディスカッションを通じて現れた生徒たちの学びの[質の]違いがどんなものかを詳しく述べることはできないかもしれない。ICEをガイドラインとして使うと、教師がこうした日々の観察から導き出す判断の根拠となる枠組みができる。生徒はどのよう

な重要基本事項(考え、I)を十分に表現しているか、どのようなつながり(C)を作ることができたか、あるいはできていないか、ここで学んだことをどんな新しい形で応用(E)することができたか、そしてそれがこのプロジェクトへの取り組み方にどう影響したか——。このような形で、この枠組みは[教師が]判断を下す基準となり、教師であれば生徒それぞれの学習に対する適性と能力についてだれもが持っている一見すると主観的な「フィーリング」に骨組み、意味と形をもたらすことになる。

授業におけるディスカッション

　テストや宿題を通じて学びの質が高いかどうかの判断ができるのと同じく、授業での話し合いという比較的インフォーマルな場にも、学習評価の貴重な機会が多々ある。

＊　＊　＊

　2年生の生徒たちに、教師が「オオカミ少年」を読んで聞かせたとする。この女性教師は生徒が話をどこまで理解したかを見るために、話し合い(ディスカッション)を始めてみる。この話の要点は何か、どんな意味があるのかをたずねてみると、次のような答えが返ってきた。

　　「羊の番をしている男の子のお話です。意味は、男の子が嘘をついたのがわかって、町の人たちは怒ったということです」

　　「このお話の意味は、退屈しているからといって、人の注意を引くためにうそをつくのはよくないということです」

　　「本当のことを言わないとどんなことになるかというお話です。友達に嘘を言うと、信じてもらえなくなるかもしれないという意味です」

　こうした子供たちの答えは、場所、登場人物、主な考え(I)など話の重要

基本事項を大体は理解したということを示すものから、聞いた生徒がこの話と本人が住む実世界との間につながり(C)を作ったことを示すものまで広い範囲にわたっている。これら3つの回答はいずれも正しく真実と言えるが、異なるのは回答で示される学びの発達や進歩のレベルである。

　これらの答えの間にある質的な違いとそうした違いが持つ意味に注意すると、教師は生徒が今いる学びのレベルから次に進むことを助けるような適切なフィードバックをすることができるようになる。この場合、教師はそれぞれの生徒がさらに上の学習レベルがあることに気付くことを助けるような質問を重ねてすることになるかもしれない。

　多くの場合、教師は自らがたずねる焦点となる質問の質によって、ディスカッションのトーンを決めることになる。といっても、質問はそれ自体が良いとか悪いということではない。ディスカッションのための質問はその性格と質によって、ある程度決まった質の答えを導き出すということである。

　考え(I)を繰り返すだけの回答をうながすような質問もある。典型的なのは選択肢のいずれかから正しい回答を選ばせるもので、内容を理解していることまたは記憶していることを示させるために事実に基づく答えを要求するものである。たとえば課題になった小説についてのディスカッションで、生徒が実際に本を読んだかどうかを見るために、教師は次のような[内容に関する]繰り返しの質問をすることがあるだろう。

　　　このお話の登場人物はだれですか？
　　　まず何が起こりましたか？
　　　話の舞台はどこですか？

　ほかには学習者がつながり(C)を作ることを求める答えを導き出すような

質問もある。学習者に教室で提示された考えと考えの間に、または教えられた内容と自らの経験の間に何らかの関係やつながり(C)を築くように促すのである。たとえば、次のような質問である。

　　作者はどのようにしてこの本のトーンを作り上げましたか？
　　この小説はどれほど現実性がありますか？
　　(ある出来事を例にとって)、このことは主人公にどのような影響を与えますか？

　質問の言葉使いはディスカッションに参加する生徒の学年や年齢に応じて簡単に調節できるが、質問の意図するところは同じである。つながり(C)を作り上げることがまだできない生徒たちには、教師がそのステップ・アップを助けるために「ブリッジング」(答えを引き出すような質問)をすることもできる。そのような質問の例としては次のようなものがある。

　　この本を読んでどう感じましたか？
　　そのように感じさせたのは、作者が使った言葉や情景のうちどれですか？

　こうすると、教師は考え(I)のレベルから始めて、生徒にきちんと定義されたつながり(C)を築かせるような方向に指導できるというわけである。

　また、応用(E)ができるような方向へ参加者を向ける質問の形もある、今学んでいることから推論して新たな状況に当てはめるように、そして新たに学んだことが彼らの変わりつつある世界観にどう影響するかという質問に答えさせるよう暗に誘導するのである。たとえば、次のような質問が考えられる。

主人公がもし女の子だったら、このお話はどう違っていたか、説明しなさい。
このお話はあなたが……(例)について考える考え方にどう影響しましたか？

こうした質問の形は自由に答えられるので応用(E)につながりやすいが、同時に学びが進歩する過程のどのステージにいる生徒も答えられ、難しすぎることはない。

授業におけるディスカッションを最大限に活用するには、教師がディスカッションの具体的な目的や[期待される]学びの成果を明確に示す必要がある。それがはっきりすれば、学びの進歩がどこまで進んでいるかに関わらず、ディスカッションの質問は生徒たちによる参加を促すはずである。というのは、教師は質問に対してあらかじめ決まった答えを導き出そうとすべきだということではない。そうではなく、学びの進化の度合にかかわらず、それらの学習成果を身に着けたことを示す機会をすべての生徒に提供しようとすべきだということである。そうだとすれば、ディスカッションの質問は試験における質問と同じ程度に目的がはっきりして、よく練られたものであるべきである。

質問の例

生徒が教師に対して、このテストの質問では知っていることを十分に披露することができなかったと苦情を言うことはよくある。こうした文句は生徒が考え(I)のレベルより上の学びを身に着けたことを示すことができるにもかかわらず、学習評価の過程でそのような機会を与えられなかった時に起こるようである。生徒に制約を与えないようにするには、教師は複数のレベルで答えることのできるような質問を考えればよい。

特定の前もって決められた学習レベルに合った答えを導き出し、答えをそのレベルに限定するような形で、意図的に質問を考えることができる。つまり、質問の言葉使いを注意深く練ることで教師は生徒にある決まったレベルの学びを習得したことを示すよう促すことが可能になる。

図2・4　[話し合いの]きっかけとなる質問の例

考え	つながり	応用
■＿＿＿のリストをあげなさい	■＿＿は＿＿にどのような影響をもたらしますか？	■＿＿を予測しなさい
■主な＿＿＿を述べなさい	■＿＿を推定しなさい	■＿＿に対する解決を提案しなさい
■＿＿の文から例をあげなさい	■ほかにどのような方法がありますか？	■＿＿が持つ意味は何ですか？*
■＿＿＿をほかの言葉で言い換えなさい	■＿＿にはどのような価値がありますか？*	■あなたの意見では＿＿？*
■＿＿とはだれですか？	■＿＿と＿＿の関係を説明しなさい*	■＿＿から何を学びましたか？*
■＿＿が起こったのはいつですか？	■＿＿は＿＿とどのような点で似ていますか？*	
■＿＿によると、＿＿はどんな様子でしたか？	■＿＿と＿＿を比較しなさい*	
	■自分の経験から例を取って、＿＿に当てはめなさい*	

＊がついている質問の例はすべての生徒にアクセスできるが、より高いレベルへの応用も可能。

図2・4の質問の始め方を例として見てほしい。そして、これらの質問に対して得られる回答が質的にどう異なっているか、その幅を考えてみよう。

たとえば、「＿＿と＿＿の関係を説明しなさい」という招きは、つながり(C)を作るようにはっきりと促す目的で立てられた質問である。しかし同時に、考え(I)のレベルの生徒(この生徒たちは関係を説明するというよりはそれぞれの特徴をリストにして述べるかもしれない)、または応用(E)レベルの学習をしている生徒(この生徒たちはここで学んだことを仮定の状況に当てはめるかもしれない)であっても答えられる柔軟性がある。質の高い質問はすべての生徒にとっていずれかのレベルでは難しすぎず、一部の生徒にとっては応用がきくものである。

優れたディスカッションの質問を考えるためのガイドライン

1. 質問することが重んじられ、「考えながら話す」ことが許されるだけではなく奨励されるような、生徒が安心できる環境を作る。
   - 質問をしてから答えを求めるまでに［生徒が］考えることのできる時間を置く。
   - だれか一人の生徒が答える前に、全員に質問を理解させる。
   - 多様性を予測し、促進する。答えが教師の期待したものと違っていたので、間違っていると言われるほど、創造性とアイデアがあったら試してみようとするやる気をそぐものはない。
   - すべての答えは理解と学びにおける進歩を示す意味あるものとして受け止める。機会があれば必要に応じて［ある事柄を］明確にしたり、繰り返す、または繰り返し教える。
2. 準備しているディスカッションを通じて達成しようとする目的や成果をよく知り、明確にすること。
3. 生徒がイエスかノーまたは一次元的な答えに限定されないよう、選択肢の中から選ぶ質問ではなく自由に答えられる質問を使う。
4. 質問はすべての生徒に難しすぎないもので、一部の生徒には応用が効くものであるべきである。
   - 様々な答えのレベルに対応できるような質問を考える。考え(I)または

つながり(C)レベルの答えを導き出すように具体的に用意された質問をすると、生徒にはそれ以上が可能であったとしても、実際の答えはそのレベルに限定されてしまう可能性がある。同じように、特に応用(E)を呼び出すような質問は、つながり(C)は作ることができる生徒または重要基本事項(I)は身に着いている生徒たちの答えを排除することになりかねない。

■徐々に質問のレベルを上げていくのは良い考えのように思えるかもしれないが、質問が進むにつれて、参加できる生徒の数は減ることになるだろう。様々なレベルで答えることが可能な質問をすることで、教師はそれぞれの生徒が出した答えの中身、そしてそこから参加者がどれほど貢献したかを評価できることになる。[そこで]教師は現在の理解のレベルを測ろうとすることもできるし、または学習が次のレベルに進むように促すこともできる。また、教師にとっては、どの生徒が質問のどの段階で参加するのを止めたかということよりも、生徒が答えた内容のほうが記憶に残りやすいからである。

グループ作業と経験による学び

　教室における学びはこれまでの個人主義的で教師が主導するものから、より協同的で学習者を中心にしたものへと徐々に変わってきた。以前は一人用の机が一般的だったが、今ではグループ学習のためのワークステーションやテーブルもあり、場合によってはそれらが一人用机に取って代わった。トップ・ダウンの教え方だけではなく、より参加、発見、実験と経験に基づく教授法が取り入れられるようになった。

　こうした変化の中で、経験に基づく教授法を用いる教師たちの間では、経験を効果的に評価できるものかどうか、そして、グループ作業はどう評価するのが良いかについての議論が続いている。ある大学院レベルのコースでは、経験を半分だけまたは三分の一だけするということはありえないのだか

ら、この「野外・経験教育」コースの最終成績は全員がAであるべきだと主張する学生がいた。この提案に対して起こった議論は、学生と教師の双方に教訓をもたらした。評価されるのはある経験に参加したかどうかではなく、その経験がもたらした学びであるべきだということである。教師が経験を通して学ぶ学習課題を吟味して選ぶことが大変重要になってくるのはそのためである。経験を通して学ぶ課題は楽しくて学生の興味を引きやすく、参加しやすいというような点から選ばれることが多い。しかしこうした課題は誤って使われたり、つながり（C）ができる前に終わってしまったりすると、学習効果を上げるという点では成果が少ないことが多い。

＊　＊　＊

　［小学校］2年生にデータ・マネジメントを教えているジョンC［先生］は教え方を変えてみることにした。彼の狙いは生徒たちに様々な物が持つ特徴は一つではないこと、そしてそれがデータ収集にどう影響するかを考えさせることだった。さらには、この作業を生徒が参加できる活動的なものにしたかった。

　C先生は各4人からなる生徒のグループそれぞれに、日ごろ親しんでいる物を入れた箱を渡した。箱に入っていたのは本、ホッチキス、ガム、スプーン、ひも、赤と青の丸・三角、雑誌、ペーパータオル、のりの瓶、プリズム、はさみなどである。彼は生徒たちにグループで考えて、これらの物を色、形、素材、機能に基づいてそれぞれ5つの前もって決められたカテゴリーに分類するよう指示した。15分ほど賑やかな会話が続いた後で、C先生はそれぞれのグループにカテゴリーに分類された物は何だったかを明らかにさせた。そこでわかったことは、カテゴリーに分類された物を全部合計すると、その数は箱に入っていた物の数よりも多いということだった。C先生は続いて、どうしてそのような結果になったのか説明するようにと生徒たちに求めた。

　C先生は2年生に［ある物体が持つ］複数の特徴性という高度なコンセプト

を本当に理解させるには、この作業を最初の基本的な段階からより発展させる必要があることがわかっていた。彼は各グループに分類結果を発表させて、ホッチキスは少なくとも3種類のカテゴリーに入ることを指摘した。それに続く質問は、どうしてそのような状況が生まれたのかについて生徒に考えさせるものだった。その後、各グループはそれぞれのテーブルに戻って、自分たちの分類方法に基づいてさらに分類を続けた。

これに続く作業として、子供たちはクラス全体で自分たちをできるだけ多くのカテゴリーに分類してみるということもした。その後の話し合いは教室にある様々な物を分類する方法についてのもので、これはC先生が子供たちが複数の特徴性というコンセプトを理解したと満足するまで続いた。［C先生が］この決定に至ったのは、生徒たちが示す学習［の成果］を持続的に評価した結果だ。

生徒たちに記憶に残りやすい参加の経験を提供するというだけでなく、C先生はこの作業から最大限の学習効果を引き出した。彼は生徒が［目標となる］学習に到達するよう導こうとしてこの課題とそれについてたずねる質問を意識的に考えたが、同時にそれらは十分に柔軟性もあるので、生徒たちが自分で発見と推論をする余地があった。自ら発見や推論するというのは、経験による学びの最大の特徴である。

経験に基づく学習の課題を選び、使うにあたってのガイドライン

1. 中心となる活動を選ぶにあたっては、［目標となる］学習の成果を念頭に置く。
    - ■ どんな活動があるか探す前に、活動の目的となる具体的な学習成果をよく知り、明確にする。
    - ■ 明確にされた学習成果に合わせて活動に変更を加える。こうした学習成果を達成するためにはこの活動をどう変えたらいいか、とたずねる

べきで、この活動をすることで何を教えられるかというのは順序が逆である。
2．中心となる練習課題をフォローアップするための質問をいくつか考える。
　■これらの質問は生徒が自らの理論を作りあげ、つながりを作り、さらには中心となる経験からカリキュラム全体へ、そして現実の世界へと推論できるように促す形で、中心となる経験について熟考することを助けるものであるべきである。
　■「優れたディスカッションの質問を考えるためのガイドライン」を参考にする。
3．経験に基づく個々の練習課題がどの程度役立つかを評価する。
　■教師は試験の内容に不備がなく信頼に足るものであるかどうか見直して修正を加えるのと同じように、教室における作業においても終わった後で結果を見直し、必要に応じて変更すべきである。
　■ある課題が期待したほど良い結果をもたらさない場合は、どのように取り入れられ、使われ、監督され、討論されたかを分析すべきである。時として、教え方・使い方を若干変えるだけで、より目的にかなった学習結果を得られることがある。
4．適切であれば、グループ作業または経験に基づく学びの課題における過程の構成単位を評価する。
　■グループ作業には、結果がほかと比較してどうだったかに関係する基本的な要素が少なくとも2つある。それは「プロダクト」（成果）と「プロセス」（過程）だ。**プロダクト**という成果は評価することが比較的容易である。プロダクトの評価は、グループの最終的な作品をあらかじめ決められて明確にされた基準に照らし合わせて比べることである。プロダクト評価に関する問題の核心はそのグループが作ろうとした作品にどれほど近づくことができたかということである。

　プロセスという結果は、グループ内の人間関係に関わる。プロダ

クトを完成させる過程で[メンバー同士の]関係をどのように維持したか、そしてどのように作品が完成されたかについてであり、**何か**ではなく**どのように**が問題になる。経験を通して学ぶ練習課題の一部として、プロセスはまた参加者にこの作業過程の意味とそれが学習とグループの機能に与える影響について振り返って考えることを求める。

協調や協力の能力などといったプロセスの結果は教室でそして[人事採用に関して]雇用主からも高く評価されているが、教室という場で正式に評価されることは少ない。教師はプロセス能力を伸ばしたいと思っているが、実際には評価の焦点はプロダクトにあることが多い。ICEはこうしたプロセス能力を評価して伸ばす上で有益なツールであることがわかっている。

プロダクトの結果と同じように、プロセスの結果を評価する上で重要な第一歩は、[問題になる]結果が何であるかを明確にすることである。どのようなプロセス能力を育成しようとしているのか？[それは]グループで問題を解決することか？意見の衝突を解決することか？リーダーシップを育てることか？そうした能力が身に着いたかどうか、どうしたらわかるのか？重要基本事項(考え、I)[を身に着けたこと]が示されるのと、つながり(C)が示されることはどう違うのか？

経験に基づくまたはグループでの練習課題の具体的な学習成果が決まると、教師はフォローアップの質問でどのような答えが導きだせるか、その範囲をはっきりさせやすくなる。

学習日誌の評価

　学習日誌(Journal)は学びの過程を追跡するツールとして人気が高まっている。日誌に書き込むことによって、学習者は思考のプロセスをたどり、現場でどんな活動に参加したかを記録し、経験によって学ぶ中心課題の結果について振り返り、そして得られた知恵を分かち合うことができる。教師たちは学習内容を振り返る日誌をつけることで得られる学びを高く評価しているにもかかわらず、他の学習結果と同じように日誌の書き込みを評価できるかどうかについては、多くが疑問を持っていた。

　たとえば、私たちが面談したCo-op教師は全員、授業で日誌を必須としているのは、学期[の終わりに]良い結果を出すのに不可欠だという点で一致していた。

> [生徒は32人いるが、教師の自分が]32の場所に同時にいることはできないので、日誌をつけさせることで、生徒がco-opでどんな経験をしているかを監督できます。ほかにその目的を果たす手段はあまりないのです。生徒たちは作業をした日の記録をつけ、何か問題があればそれも記録して、教室で教えられたコンセプトを応用してどんな解決方法が可能かを考えることになっています。

> 私は幼児教育のコースで日誌を使っています。学生と私の双方にとって、学習において足りない点を見つけることと、それぞれの学生の強みはどこかを知るのに優れた方法です。

> 学生自身が日誌は学んだことについて考えを整理するのにとても優れた方法だと言うこともあるのです。学んだことを現実の世界で使ってみる前、または試験を受ける前に、紙の上で[習ったことを]試してみたり、頭の体操をしてみたり、自分のためのメモを書いた

りすることができるからです。

　教師たちが日誌を学習のツールとして使うことの利点について話し合うにつれて、会話はますます活気に満ちた。しかし、こうした日誌に成績をつけることに関する疑問が出ると、話し合いのトーンはだいぶ違ったものになった。

　　　いいえ、成績はつけません。日誌に書き込むことは必須ですが、成績という点ではそれだけでは何もプラスにならないのです。日誌を成績評価するのは、字の綴りを採点するのでもなければ、難しいです。

　　　自分の学部のほかの先生と同じように、日誌には成績をつけます。日誌の評価には15または20点が割り当てられています。日誌を提出したら、それだけ点数がもらえ、日誌を出さなければ、もらえません。

　　　生徒が提出する日誌の内容はとても開きがあります。とても詳しく書かれた日誌と通り一遍の繰り返しだけの日誌に同じ成績をつけることになってしまうことがあり、それは不本意です。最終成績の15または20％に当たるものをどれも同じように採点するのではなく、もっといい方法があるはずですが、しかし、［そうした採点は］とても主観的になってしまうでしょう。

　しかし、ICEの枠組みの中で日誌を読むことで教師はこの媒体で示されている学びの質について主観的だけではない判断を下すことができ、それは生徒の学年とは関係がない。教師はそれぞれの日誌の書き込みを見てそこに現れている学習レベルをつかむことができ、学びの過程における成長がどこで芽を出しつつあるかを細かく捉えることができる。

日誌の書き込みでそのコースで使われる用語や重要基本事項を一通りはわかっていることが示されていたら、考え(I)レベルの学びができているということになる。こうした書き込みで典型的なのは学習の中身、イベント、スケジュールやメモ書きを繰り返して記すものである。学習者が考え(I)よりも先に進んだことを示す、もう少し進んだ書き込みもある。個々のコンセプトがそれぞれの間にある関連への理解を示すような形でまとめられた書き込みは、生徒が学びの中でつながり(C)を築き始めたことを意味している。また、日誌が「このことは、私が世界を見る見方にどんな意味を持つのか？」という問いに答えられたことを示す場合、書いた生徒は学習の進歩において、応用(E)の段階に至ったことになる。

＊　＊　＊

　次の日誌の書き込みは成人教育の大学生３名が「グループ・ダイナミクス」というコースに参加した時のサンプルである。なぜ日誌を書くことが必須になっているのかについての簡単な説明に続いて、参加者は毎回の授業でカバーされたコンセプトを理解していることを示すために、日誌を定期的に書くよう求められた。

図2・5　2月12日(1)

今日は、プラスの相互依存について学びました。相互依存とはグループのメンバーが互いに影響しあって、頼り合いながらグループの目標を達成するということです。それにはプラスの相互依存(協力)とマイナスの相互依存(競争)があります。グループが効果的に働くためにはプラスの相互依存ができるように努力すべきです。グループの相互依存のレベルがどの程度かを決める要因はたくさんあります。グループの大きさ、[達成すべき]課題、メンバーの知識と能力、[それぞれの貢献に]どのように報いるか、時間の制約、メンバーの役割をどう解釈するかなどです。
今日の授業ではなぜ多くのグループが失敗するのかについて多くを学びました。目標の構造とグループとして何をしたいかがマッチしていない時も

> あるし、グループが当初の計画とは正反対のことをしてしまうこともありますが、それはグループが最初から正しくセットアップされなかったからです。

　この学生(図2・5)が授業で取り上げられた考え(I)をしっかりと理解していることは明らかである。授業の中身を繰り返すことで、そこで使われた用語とその意味をわかっていることが示されている。文の最後にある、目標の枠組みとグループの機能がマッチしていないというコメントはつながり(C)の段階に進む用意があることを示すものかもしれないが、しかし、この時点ではまだ不確かである。中心となる質問を教師が注意深く選ぶことで、この学生がさらに探究を深める方向に進むよう促せるかもしれない。自分自身の経験から何か例をあげるようにと教師が促すことだけで十分である可能性もある。

図2・6　2月12日(2)

> 私たちのグループがうまく行っているのは、人間関係でプラスの相互依存があるからです。それぞれのメンバーの貢献がグループ作業を可能にすることが私たちにはわかっています。アーサーはプレゼンテーションに関する技術的な面で優れています。セルジはグループのマネージャーのような役割をして、作業が順調に進むようにします。ジャクリーンはプロセスを観察する役割をしてくれます。私は人事のクラスで学んだことを、特にメンバーの役割について、皆に話しました。皆がそれぞれ他のメンバーの貢献を強く意識して、それぞれの部分がグループの成功にとって大切であることをわかっています。相互依存を深める方法について考えた後で、私はこのコースの成績のつけ方を見てみました。それは、わたしたちが互いへの依存を深めるようにデザインされていたのです！私たちがもらう成績はお互いが力を発揮できるように助けることができたかどうかに関係しているのです！これまでは、それ[成績の基準]がグループの機能の仕方にどう影響するかということには気づいていませんでした。

授業で提示された考えを使って、前の学生（図2・6）は自分の言葉でコンセプトを定義することができた。彼は授業で教えられた理論と自らのグループがどう機能しているかとの間につながり（C）を作ったが、これは最初から奨励されていたことだった。さらにこの学生は授業内容と自分自身の現実の間にもつながり（C）を作った。

図2・5が興味深いのは、図2・6とは質と量の双方において異なっているという点であり。最初の例には授業の中身について個別の情報（Ideas）が2番目の例より多く含まれているが、この最初の学生はそれらの考え（I）の間に具体的なつながり（C）を作ったことを示していない。さらには、彼女はこうした細切れの知識をこれまでに学んだことに関連づけていない。

図2・7　2月12日（3）

> 今夜の授業で、電球がぱっと灯るような経験をしました！これで、この授業のグループがうまく行っていない理由がわかりました。私たちは皆、協力して自分たちの能力や資源を集めて作業を終わらせることを求められていますが（プラスの相互依存）、でも会社が個人に対して、技術革新をしたり、良い成績を上げたことにボーナスを出すことはグループのメンバー間の競争（マイナスの相互依存）を高めるようです。競争は悪いことではありませんが、この場合は、効果的に働くチームの邪魔になっています。メンバーにではなくチームにボーナスを出すよう方針を変えることを会社が検討してくれれば、プラスの相互依存が高まってグループがより生産的になり、チーム内の競争を減らすことができます。短期的には生産性が上がり、長期的には利益も上がるでしょう。

図2・7の日誌の書き込みはこの学生が自らの学びを教室から学習環境とかけ離れたまったく新しい状況へと応用（E）したことを明らかにしている。彼女は学んだことを応用（E）し、ここで学んだことが自分が世界を見る上でどう影響するかを述べることで、「これにどんな意味があるのか？」という質

問に答えた。

　ほかのあらゆる教育・評価のツールと同じように、日誌も特定の結果を導き出すように使われるべきである。そうした結果がはっきりと定義され、明確にされると、学習者は日誌を最大に活用することができるようになる。さらに、[求められる]結果やその理由がはっきりと明示されて、全員がそれをよく理解していれば、日誌で示された学び[の質]に関する判断に裏付けと形が生まれることになる。

学習日誌を効果的に使うためのガイドライン

1. 日誌を必須課題とするにあたっては、生徒に自分が何を期待しているかをはっきりさせる。
   - ■日誌とそれを通して示されるべき学習の目的を知り、それをはっきりと伝える。生徒は何を書くべきか、そしてどのような形式を使うべきかを知るために、まず日誌の目的が何であるかを知らされなければならない。日誌が学習ツールとしてではなく日記または個人的なコミュニケーションの目的で使われるのであれば、評価ということは問題にならない。
   - ■日誌の書き込みについて具体的に何を求めているのか要点を記す。どんな情報を含めるのが適切か？
2. 必要に応じて、様々な学習レベルまたは教師の期待に沿ったレベルにふさわしい日誌の書き込み例を示す。
3. 学習内容を記録するのに文章以外の形式も考慮する。
   - ■目的に適っていれば、録音したものや画像または他のふさわしい形式で記録を提出することも可能にする。
4. 生徒が日誌を書くのに慣れるまでは、学習内容を振り返るのを助ける質問を希望があれば毎日または毎週提供する。
   - ■この[日誌内容の]焦点を合わせる質問は教師がどのような学びを導き

出したいかによって完全に決まる。
5. 学習成果を最大限にするためには、学習プロセスの早い段階で日誌に目を通して建設的なフィードバックを与える。

プロジェクトと発表と課題

　ほとんどの場合、プロジェクトや課題は報告の目的で成績をつけるために使われる。成績のつけ方はそれ自体が独立したトピックであり、後により詳しく述べるが、課題として出される宿題の多くが二重の目的を持っていることを認識することは絶対に必要である。

　優れた課題やプロジェクトとは、学習者が身に着けたスキルと知識を披露する機会を与えるように考えられているものである。また同時にそれらは学習者が新たな学びのレベルへと進めるようにと挑む可能性をも持っている。しかし、そうしたプロジェクトの効果はその目的が明確にされないと発揮されない。つまり、課題やプロジェクトを完成させることから来る恩恵を全面的に受けるには、記録の目的で成績をつけるためという以外にその課題やプロジェクトにある目的を生徒と教師が認識していることが必要である。

＊　＊　＊

　10年生で地理学を学んでいる生徒[ジェームス]が、ブリティッシュ・コロンビア州における大麻の栽培とその取引についてのプロジェクトを完成させたとする。このプロジェクトは生徒が授業で学んだ理論をマスターし、コンセプトを自分のものにしたかを評価する方法として課されたものだった。このプロジェクトの結果には点数がつけられ、それはコースの最終成績に影響することになっていた。ジェームスのプロジェクトには地理的な位置が栽培状況に与える影響、収穫量、輸出入と雇用統計などが含まれ、同州とカナダ全体の経済に大麻取引がもたらす影響を示すグラフもあった。

　ジェームスはこのプロジェクトの出来具合に満足し、自分の作品としては

最高のものの一つと思い、自己評価ではAをつけた。もしこれが教師の期待する質の高い地理学プロジェクトでなかったとすれば、Cを取ることも十分にあり得ただろう。幸運なことに、この教師は生徒たちが学んだことを［プロジェクトで］示すにあたって、なぜそうさせるのか、そして具体的にそれをどう評価するかの基準を、生徒たちにあらかじめ話した。この課題の基本的な枠組みを説明し、学んだことを披露する上で期待されることを生徒に話すことで、教師は生徒の勉強が目的に沿ったものになるよう指導することができた。彼女は学んだことをどのような形で示すのが高く評価されるかということについて、生徒たちが勝手な想像や憶測をすることなく、自らの学習の進み具合を吟味や評価する機会を提供したのである。

　ある教師は生徒たちが上っ面をなでるだけの宿題を何度も提出するという経験をした。初めてICEについて知ったこの教師は、確信した。

「ICEについて知るまでは、よく生徒たちに試験の答えやプロジェクトで『より多く』が求められると言っていたが、実は、それが何を意味するのか自分でもよくわかっていなかった。よくあったのは、結果として言葉数が多く、文章は長くなったが、答えの内容は良くなっていなかった。これからは生徒たちに基本的な考え(I)はよく発表できているが、さらに一歩進めて、つながり(C)を作ってほしいのだと言える。これまでも生徒を励まそうとはしていたが、次のステップをどう踏み出すかをどのように定義していいかわからなかった。私が求めているのは生徒たちが次の段階に進み、考え(I)からつながり(C)そして応用(E)へと進むことだという点に気付かず、苦労している生徒たちもいたのだ」。

プロジェクトと発表と課題をうまく使うためのガイドライン
1．一般的なプロジェクトを課するのではなく、具体的な学習目標(内容)に

合わせたプロジェクトをデザインする。
- ■プロジェクトで示されるべき学習成果と含まれるべき内容の範囲を選んで、それを生徒たちに伝える。そうすれば生徒たちは学んだことが内容の質を通じて表れるような方向で準備作業をすることができるようになる。
2．提出される作品で期待される性質(中身ではなく)を決める。
- ■中身の範囲が選ばれて明確にされたら、次に合格となるプロジェクトで示される学びはどんなものかについて集中的に考える。良いプロジェクトと優れたプロジェクトの質的な違いは何か？科目や学年にかかわらず、教師は基準には達している基本的な理解とより高レベルで深い理解の間にある違いは何か、そして成長の段階におけるあるレベルとその次のレベルの間を区別する要因は何かを質的に詳しく述べるべきである。
- ■学習[で期待される]性質が決まったら、それぞれの生徒がその学びを身に着けたことを示すには個々に異なる形を選ぶ自由があるということを考慮に入れる。
3．プロジェクトの形式については柔軟性を持つ。
- ■どんな学習成果を扱うかが決まり、「合格」「良くできている」「とても優れている」にあたる性質はどんなものかが明らかにされたら、生徒たちはそのような学習成果を様々な異なった形で表現するかもしれない点を考慮すべきである。そうした形とは文書のレポート、実験、物語、発明、劇、日誌、ビデオなどである。

ルーブリックを使って[学習の]進歩をマッピングする

　生徒たちそれぞれの学習ニーズと関心が様々なのと同じくらいバラエティに富んだプロジェクトや課題を評価しなければならないと考えると、教師たちは消極的になるかもしれない。クラスに26人の生徒がいるとして、皆が

違った種類のプロジェクトを準備しているとしたらどうだろう。たとえば研究エッセイ、実験、写真の展示などである。ルーブリックはこうした場合に必ず出てくる評価の過程における主観性や公平性といった問題への答えを与えてくれる。

ルーブリックは特定の学習課題に含まれる重要な要素と、成長が進む過程での各レベルにおける学びの特徴を詳しく述べて、表のような形にまとめたものである。通常は学習の要素がページの左に縦に記され、これらは[達成されるべき]特定の学習成果から来るものである。達成したことの性質を述べるものはページの上に横に書かれ、これで読みやすい表ができる。

ルーブリックは達成のレベルそれぞれにおける学びがどんなものであるかの青写真を示すので、教師にとってはどのように教えるかについて作戦をたて、教える内容を整理するための参考になり、ガイドラインとなる。ルーブリックにはさらに、個々の教師間または教師と生徒、教師と親と学校の管理職などの間で[生徒が]どこまで学びを身に付けたかどうかについての意思疎通を助けるという利点もある。

ICEのルーブリックを作るには

ICEは「持ち運び」が可能なツールとして作られた。この略称は覚えやすく、このモデルは広い範囲のカリキュラムと学年に適用できる。頭文字の略称に代表される学びの成長過程における段階は比較的煩雑ではなく、それぞれが独立しており、いつでも必要に応じて思い出すことが簡単にできる。ICEをよく知っている教師はどこへ行くにもそれを「持ち歩き」、様々な科目や学びの表現に当てはめる。ICEについてあまり詳しく知らない教師や教室における教えることと学ぶことの過程についてより深く知りたいと思う人たち、そしてICEを自分が教えている生徒たちにも理解してほしいと思う人たちが学んだのは、ICEのルーブリックを作る作業が[そういった目的

に］有益であるということだった。

　ルーブリックとは進歩の過程での様々なレベルにおける学びについて詳しく述べたものに過ぎないことをおぼえておいてほしい。［ルーブリックを作るという］この作業を始めるにあたってはいくつかの方法が考えられる。まず、ICEの基本を忘れてはいけない。手早く復習したい場合には、「ICEとは（第1章ページ3）」を見てほしい。

　ルーブリックを初めて作る場合、そしてすでに生徒の宿題などを評価したことがあるのであれば、ICEを利用しないで評価した課題を少なくとも3点ほど用意するとよいだろう。それぞれの課題は「まあまあ」から「素晴らしい」まで、異なったレベルの学びを代表するものであるべきである。

　まず、評価をした時にそのように判断するのに役立ったそれぞれの課題の性質を詳しく述べてみよう。「この生徒の成績はBだった。なぜなら………」というようにはじめてみるのもいいかもしれない。

　注意すべきなのは、最も出来の良い部類には入らない課題について述べる時、そこに示されている良い点ではなく、何が足りなかったかについて注目する傾向があることである。たとえば、小学校教師であるポーリーンは作文の宿題について

　　「ショーンに満点を上げなかったのは下書きがなかったのと、物語の出来事を説明する絵がなかったからです」と述べた。

　このような表現からはこの教師が高いレベルの作文で何を期待しているかがうかがい知れるが、この生徒の作文に何が書かれていたのかを知ることはできない。ここで必要なのは、この教師がショーンの学習の進み具合につい

て判断を下すのに、作文のどのような良い点が役立ったかを明確にすることである。

　　［例］「彼［ショーン］は文の最初には大文字を使い、文の最後にはピリオドを使っています。句読点の使い方は良いのです。複合文もいくつか用いて興味をひき、文字は注意深く、きちんと書かれています。」

　この場合は、何が足りないかではなく何が書かれていたかがわかるので、ショーンの文章の書き方がどのようなものであるかについて、より深い理解を得られる。［教師］ポーリーンは自分がここでコメントした要素を盛り込んだルーブリックを作り、さらに整えられる前には、**図2・8**のような形になるだろう。

図2・8　作成途中のルーブリックに含まれる要素

要素	考え	つながり	応用
読みやすさと見た目の美しさ	■読めるように書かれた文字 ■最初のドラフトと最終ドラフトが同じである	■それぞれの語を形成する文字はまとまっており、語の間にはスペースがある ■最初のドラフトを元にして最終ドラフトを作っている	■語が論理的に意味のある順番で続く ■イラストが適切な場所で使われている
計画性	■トピックについてリサーチする ■考えをリストにする	■考えを順序だてている ■引用などの情報源を明らかにしている	■計画の段階で読者の必要を考慮する

要素	考え	つながり	応用
文の構造	■文を大文字で始める ■文の最後にピリオドを打つ	■文と文は筋の通った順序で並んでいる	■効果を高めるため、文の構造にバラエティを持たせる

　ポーリーンはそれぞれのレベルの学び、つまり考え(I)、つながり(C)、応用(E)に関する表現を考え、その上でさらにいくつかの課題を比較検討して、そこで示されている学びについて判断を下す上で役立った要因を見つけ出した。ポーリーンはこうした他の要因もルーブリックに組み入れて、自分が伸ばしたいと思う学びの正確な地図であると納得のいくものができ上がった。

　教師がICEのルーブリックを作る作業で素人からエキスパートへと成長を遂げるに従って、このツールはより広い範囲へと「持ち運び」が可能となる。考え(I)とつながり(C)、そして応用(E)レベルの学びはそれぞれどう違うのかを明確にして詳しく述べる練習を何度も繰り返すと、ルーブリックに頼りすぎず、その場でとっさに判断して[ICEを]使えるようになる。[ICEが]規則から行動原理へと変わるからである。

計量的ルーブリックと質的ルーブリックの違い

　計量的モデルのルーブリックと質的モデルのルーブリックの重点は全く異なっていることを認識するのは大切なことである。前者においては注目すべき点は正しい答えの数であり、後者においては回答の質である。これは学習に対する考え方と理論が[二つのモデルでは]異なっていることに対応するものである。

　ICEによるルーブリックが他のルーブリックとかなり異なっているのは、そこで使われている表現が計量的ではなく質的である点である。示されている課題の中身や量だけではなく、学びの表現の性質または最終的な特徴を

詳しく述べているのである。比較のための例として図2・9にあるルーブリックを見てほしい（これは外国語としてのフランス語の理解のために作られたものだ）。

図2・9　第二言語習得を評価するための計量的なルーブリックの例

要素	レベル1	レベル2	レベル3
理解度	■主な考えのうちいくつかが含まれている	■主な考えのうちほとんどのものが含まれている	■主な考えのすべてあるいはほぼすべてが含まれている
言葉の使い方	■基本的な文型や語彙をいくらか使っている	■基本的な文型と語彙のほとんどを使っている	■基本的な文型と語彙のすべてあるいはほぼすべてが含まれている

　ルーブリックで使われている言葉に注目してほしい。「いくらか」、「ほとんど」、「すべて」、「もう少しで」などの言葉はこのルーブリックの計量的な性格とそれ［ルーブリック］がどのように使われるかを示すものである。このルーブリックを生徒が口頭でまたは文章で訳したものに当てはめるということは、教師または生徒がフランス語に正しく訳された考えや言葉の数と、正しく使われた文法の形を数えることを意味する。その結果は翻訳の計量的な分析であり、教師は正しい回答の数に基づいてそれぞれの生徒が現在いるところの能力レベルを推論することができるようになる。

　こうして得られた生徒の学びに関するスナップショットは、この生徒が現在どの程度できているかについての情報はもたらすが、このような性質の表現はどうしたら学びを向上させられるかの判断を助けるような推論はできない。このルーブリックは生徒たちの現在の学習レベルについて計量的な分析をすることは可能にするが、学びをレベルアップするための案内としての効用は限られたものである。この理由から、このルーブリックは教えることと

学ぶことという目的のための成長を助けるものというよりは、総合的な評価ツールとして有用である。

代替案として、**図2・10**のルーブリックを検討してみよう。

図2・10　ICEを使った質的なルーブリックの例

要素	考え	つながり	応用
理解度	■二つの言語の間で、[語または文に]一対一の対応がある	■文節の全体的な意味が考慮されている ■文節を文脈に関連づける	■訳文はトーン、伝えようとすること、気持ちにおいて[原文に]忠実である
言葉の使い方	■文字通りの訳	■形容詞、助動詞、名詞などの順序が訳文では[読みやすいように]調節されている	■英語で代わりになる適切なイディオムを使っている ■読者に合わせたトーンを使っている

　図2・10にあるICEによるルーブリックは計量的な表現ではなく質的な表現を使うことで、学びが成長するそれぞれの過程の特徴を述べている。このルーブリックは語学学習が進むにつれて期待されるべき答えの数ではなく、答えの種類について述べている。ICEを使うと、ある段階から次の段階に行くと異なるのはフランス語の質であり、上に行くに従ってより滑らかで調子が上がってくるはずである。一方の計量的なルーブリックではそのような質の向上は表現されていない。なので、文字通りに[正しく]訳された回数が多くなってレベルが上がっても、そこに表れているフランス語の質は変わっていないということもありうる。

ICEによるルーブリックを使うことで、教師と生徒の双方が学びの成長において次にとるべきステップは何であるかがわかる。教師と生徒たちが学習の進歩のための青写真を持てるような形で、進歩に至る様々な段階における学びの性質が詳しく述べられたからである。計量的なルーブリックにはそのような青写真がなく、基本的には総合的な基準としての役割を果たすに過ぎない。

このため、新たに着任したフランス語教師が、[生徒の]メーディは翻訳でつながり(C)を作っていることを知ると(図2・10)、この教師にはすぐにメーディの語学習得の性格と性質がわかることになる。さらに、この教師は教える過程をどこからそしてどのように続けていくかについて判断を下すために必要な情報も持つことになる。メーディがレベル2(図2・9)であるということを知っていると、教師としては[メーディの]間違いの数はわかるが、[そのことは]これからの教え方についての判断にはそれほど影響を持たない。教師にとって必要な間違いがどんなものなのかという情報がないからである。

能力が向上する中で各レベルにおける学びの質的な特徴を明らかにし、詳しく述べると、教師は生徒の課題を解釈して、さらに上のレベルへの成長を助けるような教え方の作戦を考え出すことがよりうまくできるようになる。このことが教え方の作戦を編み出すことに与える意味と影響は、科目に関係がない。算数(数学)と科学はよく「計量化が可能な科目」と考えられることが多いが、学びが進歩する過程においては同時に質的な要素もあり、これもどんな順番でどう教えるかを左右する。図2・11にある算数・数学のルーブリックを見てほしい。

図2・11にあるルーブリックは異なったレベルの学習達成を詳しく述べているものだが、表現する言葉はほとんどが計量的なものである。生徒が提

第2章 ICEを教育と学びに応用するには 49

図2・11 1-8年生の算数・数学のルーブリック。計量的な表現を使ったもの。

	良い	さらに良い	最も優れている
核となる内容とコンセプト	■必修概念のうちいくつかを限られた形で理解している ■数学的な考えや関係のうちいくつかを取り入れた説明は適切だが、不完全	■必修概念のほとんどをだいたい理解している ■数学的な考えや関係を体系的に取り入れた説明は適切で、完全	■すべての必修概念を深く理解していることが示されている ■数学的な考えや関係について適切で完全な説明をする上、概念を様々な文脈に取り入れる
理論づけと応用	■適切な手順と計算をいくつか選び、適用する ■いくつか小さな間違いまたは漏れがある	■適切な手順と計算のほとんどを選び、適用する ■いくつか小さな間違いや漏れがある	■必修の手順のうちほとんどすべてを選んで適用する ■間違いや漏れがほとんどない
コミュニケーション	■ある程度明確で的確な形で正当化する ■適切な数学用語や記号をいくつか使っている	■正当化は大体において明確で的確である ■数学用語や記号は大体が適切である	■正当化は明確で、的確である ■常に適切な数学用語や記号を多種類にわたって使っている
問題解決	■示されている理解は限られたものである ■適切な戦略をいくつか選んで、実行している ■時々は正確な解決方法に到達する	■その問題に対する一般的な理解を示す ■一貫して適切な戦略を選び、実行する ■解決方法は大体において正確である	■その問題に対する徹底した理解を示す ■革新的で適切な戦略を選び、実行する ■解決方法は常に正確である

次のものから作成。The Ontario Curriculu, grades 1-8 Mathematics, Ministry of Education and Training, 1977.

出した課題を表現する「いくらか」、「ほとんど」、「すべて」、「時々は」、「大抵は」、「常に」、「いくつか」、「わずかに」そして「まったく――ない」などの言葉に注目したい。このルーブリックを使うことで、教師は手順、ステップ、シンボル、用語などを正確に数えることが可能になる。しかし表現されている学びを正確に表す質的な表現がないと、生徒たちが学習のどこでつまずいているのかを見定めるのにはほとんど役に立たない。

これに代わる図２・１２を見ると、課された課題がどれほどこなせたかを示すものまたは重要な要素が特定され、ICEのそれぞれのレベルにおける学習結果を表現する言葉が述べられている。このルーブリックは教師に、正しい回答数だけに頼るのではなく、課題を通じて示されている学びを評価する基準を与えてくれる。

図２・１２　７－８年生の数学のためのICEを使ったルーブリック。質的な表現を使ったもの。

要素	考え	つながり	応用
核となる内容とコンセプト	■基礎的な内容の作業を完成させる ■新しい概念を定義、説明して例をあげる ■すでに知っている状況にスキルを適用する	■手順や構造的な概念を合わせて、ステップが２以上ある問題を解決する ■学習内容を複数の系列や学科に渡って適用する	■ある学科の概念をほかの学科の特徴を述べたり、例をあげたりするのに使う
理論づけと応用	■入手可能なデータに基づいて正当な観察をする ■スケッチ、表やグラフを使ってデータを記録する	■入手可能なデータに基づいて一般化や推考をする ■論理または反例に基づいて一般化を確かめる	■生徒自らまたは他の生徒の考えたことを確認する

要素	考え	つながり	応用
		■既知の事実と解決すべき問題の間につながりを作る	
コミュニケーション	■数学用語、記録法、記号などを使って考えを伝える	■表、グラフ、記号を通して情報をつなぐために表現をリンクさせる	
問題解決	■タスクを明確にする ■関係のある情報を選ぶ ■理性的に問題に対処する ■表、モデル、型などを使って情報を整理する	■推定、アルゴリズム、後戻り(の計算)、モデリングなどの系統だった戦略を使う ■解決方法を考え出すのに適した戦略を選ぶ	■その解決法に基づいた観察や一般化をする ■その解決法または戦略をほかの分野と関連づけたり、応用したりする

許可を得て、次の記事にあったものを修正した。L.E.C. Colgan and P.J. Harrison. "Rubrics: Their Purpose is not to Drive You Crazy—It's to Drive Your Practice." *The OAME Gazette* 4, vol.37 (June 1999) : 7-13.

　ルーブリックが描く「マップ」は生徒の提出物に表れている学びが進歩過程でどのレベルなのか、教師が見定めるのに役立つ。そのことでまた教師はそれぞれの生徒が次の学習レベルへ進めるように励ます形で次の質問を考え、学習環境を整えることができるようになる。この同じ「マップ」はまた、学習者自身がこれからどのように自ら向上していくかを知るのに必要な情報をもたらしてくれる。

　算数・数学におけるコミュニケーションと美的な要素への理解を深めるため、教師たちは教えることと評価の両方においてICEが有用なツールであ

ることを発見した。[ICEの]質的な表現は教師と学習者が「正しい答え」だけでなく、学習における進歩の過程に注目することを助ける。教師たちはその上で進歩のステージに合うように、そしてこの科目の実利的で有意義な面を高める形で、教室での作業を計画する。

さらに、ICEを教室において算数・数学の評価の枠組みとして使うことは、この科目がどのように教えられているかということにもプラスの効果がある。[ICEは]教師と生徒に算数・数学を覚えなければならない単なる事実(考え、I)をまとめたものではなく、自らの生活の一部として考えるように促す(つながりCと応用E)からである。

チェックリストとICEによるルーブリックが異なる点

最初にルーブリックを作ろうとすると、学びの進歩におけるそれぞれのレベルでの学習成果の質を特定するよりも、各レベルで期待される学習の中身を体系的にリストアップする傾向があるかもしれない。フィリス[先生]が教えている5年生の理科のプロジェクトのアウトラインを例にとって見よう(図2・13)。

図2・13　理科のプロジェクトのための計量的なアウトライン

「良い」プロジェクトには次にあげるものが含まれている。
- ■仮説
- ■素材のリスト
- ■方法論
- ■結論
- ■参考文献のリスト

上記に加えて「さらに良い」プロジェクトには、次の要素がある。
- ■このプロジェクトが授業で習ったこととどう関係するかが述べて

> あり、プロジェクトを準備する間に起こったことを記録するプロジェクト日誌があること
>
> これまでにあげられたすべての要素に加えて、「素晴らしい」プロジェクトにはさらに以下の要素がある。
> 　　■この同じことをテストするほかの方法を提案するか、または自分の実験がこれまでに持っていた考え方をどう変えたかを説明する

＊　＊　＊

　フィリスが作ったのは生徒たちが自分たちのプロジェクトを比較する［対象としての］計量的なチェックリストだが、実際のところは、これ［でチェックできるの］は生徒が適切な数のセクションをプロジェクトに加えたかどうかということだけである。このチェックリストの足りない点は、必須とされている要素がすべて含まれているプロジェクトと、深く学んだことが表れているプロジェクトは性質がどう違うのかをはっきりさせていないということである。同じプロジェクトに関して、ICEに基づく質的なルーブリックは図2・14に示されている。

図2・14　科学のプロジェクトで使用するための質的なICEルーブリック

要素	考え	つながり	応用
総合性	■仮説、素材の一覧、方法、結論、参考文献一覧が含まれている	■要素は一貫した形でお互いにつながっており、その間には流れがある	■実験が自分たちの考えをどう変えたかについて詳しく述べる
正確さ	■述べられていることはすべて実験に即して正確である	■述べられていることは、実際の観察結果に裏付けられている	■これから将来の実験と、その結果がどうなるかについての予測がされている

要素	考え	つながり	応用
プレゼンテーション	■レポートは読みやすい	■読者のニーズが考慮されている	■結果を創造的な形で発表しようとする努力が見られる

　ルーブリックの形式は変わっているものの、生徒が実験結果をまとめるレポートに含まれているべきだと期待されていることは同じである。違うのは、実験におけるそれぞれの要素を完成させることで示される能力にどう差が出るかについて、教師と生徒の両方が認識できることである。さらには、評価の目的だけでなく、学習目的のためにも明確な青写真ができる。生徒たちはこれで全員が教師によって与えられた挑戦に応えることができるようになる。

試験で進歩の度合を要約する

　よくあることだが、違うクラスにいる2人の生徒が同じ課の歴史のテストで取った成績を比べたとする。マイクは89点を取ったが、サンディーはそれほど悪くないとはいえ、マイクよりは低い75点であった。マイクは家に帰るバスでの時間を、サンディーよりも歴史の成績が良かったのでいい気になって過ごしたかもしれない。一方でサンディーは自分が成績に表れているより本当はもっと出来ることを知っているので、気分を害した。

　試験をするということの目的のほとんどは、学んだことの「質」を測る手段として、学びを計量化することである。マイクの方が点数が高いということは、彼の方がサンディーよりも歴史をよく理解したはずだというわけである。高い点数は正しい答えの数が多かったことを意味するので、学習の質がより高いことを示すというのが一般的な想定である。しかし、そうした回答を引き出すために使われる質問に本来備わっている性質はどんなものだろうか？

ICEによるモデルを使って、どのような可能性があるか調べてみよう。

* * *

マイクが受けた歴史の試験から取ったサンプル

１．ルイス・リールの経歴を簡単に述べなさい。 ２．メティス族が特に優れていた技能は何ですか？（２つあげなさい）。 ３．リールもそうした技能に優れていることをどのように表しましたか？ ４．北西部の別名は何ですか？ ５．北西部の副知事は誰でしたか？ ６．ルイス・リールが教育を受けたのはどこですか？何を勉強しましたか？ ７．リールによる政府に対する抵抗運動で２番目のものは何でしたか？ ８．マクドナルド首相によるメティス問題を調査するための王立委員会を率いたのはだれですか？ ９．マクドナルド首相がリールを恩赦することはできず、処刑することもできなかったのはなぜですか？ １０．リールの政府が処刑したのはだれですか？

サンディーが受けた歴史の試験から取ったサンプル

１．多くのカナダ人がメティス族に対して抱いていた感情は１８７０年の反乱にどのような影響を与えましたか？ ２．北西部が売却された時、メティス族のために取られた措置は彼らの日常生活にどう影響しましたか？ ３．マクドナルド首相による、メティス族に関する王立調査委員会の調査結果はどのようなものでしたか？

　この２つの課ごとのテストを見ると、質問の質的な違いが計量的な結果［点数］に影響したかもしれないことが容易に見て取れる。マイクの受けた試験は基本的な事実をマスターすることを求めるもので、すべて考え(I)レベルの学習である。サンディーが受けた試験の質問は基本的な考え(I)を知って

いることも必要であるが、さらに、学習者がそうした考えの間につながり(C)を作ることも期待するものであった。さらには、それができる生徒たちには応用(E)もする機会が与えられており、授業でカバーされた範囲を超えた答えもできるようになっている。最初の試験サンプルにはそのような機会は存在しない。

　生徒たちはつながり(C)や応用(E)も可能にするような試験や宿題よりも考え(I)に基づくものの方で常に高い点を取るわけではないことは覚えておく必要がある。たとえば、生徒たちがこの反乱の背景などについて詳しく述べることができるようになり、教材を深く理解していても、マイクが受けた試験(考えI)で求められているような詳細をこと細かに思い出すことができないということは十分に考えられる。マイクの試験はその形式が生徒により低いレベルの学習[だけ]を示すように制限していることも考慮すべきである。

　さらに注意すべきことは、質問の構造がそれらの導き出す学びの質について間違った考えをもたらすこともあるということである。表面的に見ると、マイクが受けた歴史のテストの最初の質問はより深い学びを披露するよう求めているように見えるが、実際に必要とされるのは、事実関係(考えI)を羅列することである。

明細表

　2人の歴史教師ジゼルとトロンは協力してお互いの試験を分析し、教えることと学ぶことにおける優先課題をより反映した新しい試験を作ることができた。彼らは試験の見直しをするにあたって、まず歴史カリキュラムにおいてその単元で最も大事な要素は何かを書き出すことから始めた。次にはこの単元の重要要素のそれぞれについて、生徒たちに異なった学びのレベルを代表する様々なタイプの質問に答える機会を与えるために、表を作った（図2・

15)。

図2・15 明細表を作る第一段階：重要なトピックを選ぶ

トピック	考え	つながり	応用
ルイス・リール			
メティス族			
王立委員会			

　彼らが作ったのは歴史のこの単元のためのいわば明細表である。これは試験に含まれるべきトピックの範囲を図で表したもので、教師にとっては考え(I)段階の学びからさらに上に行くような答えをも引き出せるような質問を考えるよう励ますものになっている。

　明細表は教師が試験問題を作り、見直すのを助けるための一覧表の一種に過ぎない。典型的なのは授業の中身が一つの次元［たとえば縦］にあり、行動、質問のタイプや学びのレベルがもう一つの次元［たとえば横］にある。こうした一覧表の主な目的はどんなコースであるかに関係なく教師が試験で重要となる要素を明確にするのを助けることである。同じ科目を教える2人以上の教師が協力して共通の試験を作るような場合には特に有益だが、自分一人で試験を作る教師にとっても同様に役に立つツールである。

　試験範囲のトピックがリストアップされ、それらの内容の範囲で示されるべき学びが選ばれたら、次のステップは試験の合計点数を決めることである。この場合、トロンとジゼルはこれまでに試験の合計点数は100％としており、これはそのまま変えないことで意見が一致した。

　次に、試験でそれぞれのトピックが他と比べてどれほど重要かを決めて、それに基づいて合計点を配分する必要があった。**図2・16**の表はこの点についての話し合いの結果を示すものである。

図2・16　明細表を作る第二段階：トピックによって点数を配分する

トピック	考え	つながり	応用	合計
ルイス・リール				30
メティス族				30
王立委員会				40
合計				100

　この２人の教師は、王立委員会というトピックはこの単元に含まれる他の要素のほとんどと関係し、授業の時間も最も多く使ったので、３つのうちで最も重点を置かれるべきだということで一致した。

　その後、決める必要があるのは、異なる学習レベルに対応するそれぞれのコマに何点ずつを割り当てるかということだけだった。２人の教師は自分たちが真に生徒に求めているのは反乱に至るまでの状況を総合的に理解することであって、「細切れの」考え(I)を思い出せるかどうかはそれほど重要でないという点で合意した。このため、彼らは最も多い点数をつながり(C)と応用(E)のために取っておいた。

　[点数の配分についての]話し合いと[合計を１００にするための]足し算引き算が終わった後、完成した最終的な表は最初のものとは少し違っていたが、これもまたこの教師たちにとって重要な学習内容と成果の優先課題を反映したものであった(図2・17)。

図2・17　表を作る最終段階：学習レベルに応じて点数を配分する

トピック	考え	つながり	応用	合計
ルイス・リール	10	15		25
メティス族	10	20		30
王立委員会	10	15	20	45
合計	30	50	20	100

この表ができたために、この教師たちは歴史のこの単元で教え、そして学ぶべき優先事項が何であるのかを十分に認識できるようになった。彼らはその上で自分たちのために作った青写真に合うような試験の質問を考えることが可能になった。さらに、もし本人たち[教師]が希望すれば、試験の答案で示すことが期待されるような学びを示すものとして、この表を生徒たちに見せることもできる。

＊　＊　＊

　10年生の理科を教える新任の教師シェリーが必要としていたのは、これとは異なる、しかし似たような明細表であった。電気の応用に関する物理の授業を準備しているところで、他の教師が作った試験を使ってもいいことになっていた。しかしこの試験は自分がこの単元で期待している学びを反映したものかどうか自信がなかったので、彼女はまずこの試験でカバーされた内容の範囲を書き出してみた。

■直列回路と並列回路
■静電気と電流の電気
■測定

　続いて、それぞれの内容範囲に割り当てられた点数の重さを吟味してわかったことは、測定に関する質問が試験の点数の最も大きな部分を占めているということであった。次に彼女が知りたかったのはこの試験で良い成績を取るには生徒がどのような学びをすることが必要なのかであった。そのためには、試験問題それぞれを見て、それらが求めている学びの種類について判断を下す必要があった。シェリーはこれらを図にするとわかりやすいのではと思った(図2・18)。

図2・18　すでにある試験が相応しいかどうかを決めるための明細表

トピック	考え	つながり	応用	合計
直列回路と並列回路	8	10		18
静電気と電流の電気	4	6		10
測定	22			22
合計	**34**	**16**		**50**

　シェリーは測定がこの試験の重要な焦点であることだけでなく、この試験は基本的な知識つまりは考え(I)レベルの学びを試すためのものであることを見て取った。なぜなら、試験の中でこのトピックに関する質問はそのようなタイプのものだけだったからである。さらに明らかになったのは、この試験のこの部分で良い点を取るためには、生徒は回路についてもっと進んだ理解(つながりレベル、C)を持っている必要があるということであった。この簡単ではあるが丁寧な過程を経て、シェリーはすでにある試験を分析してそれが自分の授業における学びを評価するのに適しているかを決めることができた。さらには、シェリーはこの試験の質問の質を評価することも出来た。[たとえば]質問は学んだことを披露するのを奨励するような形で作られているだろうか？質問が難しいのはそれに答えるのに必要な学習そのものが複雑なので難しいのか、それとも質問の構造が複雑だからだろうか？

　シェリーはここで、すでに存在する試験が自分の授業でカバーした内容を学んだ生徒に自分が期待するものを反映しているかどうかの判断をしなければならない。さらには、それが出来る生徒たちには学びにおける応用(E)を表現できるような機会を作るべきか、そしてそうするとすればどのような機会にすべきかを決めなければならない。

　もし、シェリーが選択問題を見直しているのであれば、それぞれの選択問題の質問と回答選択肢の両方を分析することになるだろう。注意深く試験問題を作れば、結果を解釈しやすくなることを彼女は知っているからである。

間違った選択肢が様々な学びの成長のレベルにおける典型的な誤答を代表するような形で質問が作られていれば、教師は［採点の結果］正しい答えの数がわかるだけでなく、間違いに至った学びのレベルについても知ることができるからである。ICEに基づく答えを回答選択肢に組み入れることで、教師は計量的な結果だけでなく質的な結果にも基づいて［今後の］教え方に関する決定をすることができるようになる。

考え(I)レベルの学びを超えたテストをすることは常に必須というわけではなく、適切でないこともある。重要基本事項がどの程度身に着いたかだけを簡潔に知ることがとても大切な場合はよくある。教師にとって重要なのは、［生徒の学びを］評価をしようとする時にどのようなタイプの学びを評価したいのかを常にはっきりと認識していることである。

特定の科目に十分に熟達していない教師はICEを実行するにあたって困難を経験するだろう。つながり(C)を明確にし、応用(E)の可能性を見つけるのが難しいからである。［一方で］その科目で専門家レベルの知識がある教師は、その科目に含まれる微妙なニュアンスを理解し、学びのレベルの間にある違いをよくわかっているという点で有利である。だからといって、ICEを使うのはその科目の専門家に限られるということではない。しかし、教え方は現在一部の学校で見られる形よりもっと協力的に進化する必要があるだろう。

進歩に成績をつけ、報告する

教師または管理職についている人たちはその多くが、学びの質的な特徴と計量的な特徴の間にある根本的な違いをよく整理していないことを理解するのは重要なことである。こうした過ちは、学びにおける達成を正確に報告し、記録しようとする、それ自体は善意の努力から来ることがある。よくあるのは、文字による成績、順位表、パーセンテージなどの計量的な物差しは学び

の表現ととても深く関連しているので、［ある生徒の］学びの表現と他の［生徒の］ものの間にある質的な違いはその中に吸収されるということである。次の例がこの点をよく表している。

「平均」と見なされた課題と、「まあまあ」とされた課題の違いを説明するよう求められたある教師は、「平均」はCレベル（65-75%）で、「まあまあ」はDレベル（55-64%）だと答えた。この教師はそれぞれのレベルにおける特定の質的な特徴ではなく、計量的な点数によって課題の出来具合を定義したのである。

生徒たちにとって、［自分の］計量的な値を知ることは管理の目的と達成度を記録する点から重要であるが、「まあまあ」、「平均」、「良い」などと評価された課題がどのような性質を持つのかを表現したものの方が、学習を導くためにはずっと役に立つ。数字の値だけを使うと、教師が伝えているのはその生徒が成績という点でどの位置にいるかということだけである。数字の値は学びを伸ばしていく上での次のステップが何かについては何の情報ももたらさない。

教師と生徒が生徒の課題や作品についての質的なフィードバックを共有することができると、評価というプロセスを通じて学びをさらに高めることが可能になる。学習者は学びの過程において次にどこへ進むかを計画する前に、［これまでの学びの表現に対して］得られたフィードバックを参考にすることができるようになる。これまでに本書で明らかにされたように、ICEによるルーブリックと明細表を使うことで、こうしたプロセスがより実行しやすくなる。

ICEは学習における進歩や発展を理解し、形を与え、評価するための枠組みを提供する。こうした視点から見ると、ICEモデルを使って点数をつ

けることは、他のモデルを利用して点数をつけるのと変わらない。重要な相違点は、ICEの枠組みはそこで評価されている学びの特徴を詳しく述べる［表現する］のに役立つということである。そうした表現があることで、教師は教えることと学ぶことにおける次のステップについての判断を下すことと、報告の目的のために成績をつけることができるようになる。

　ICEを使う教師のほとんどは早い時期に点数の基準を設定する。典型的なのは考え（I）レベルの学習表現は合格に必要な最低限の基準として設定され、素人からエキスパートへ進む動きがあれば、通常はより高い成績をもらうことになる。こうした区別は一般的に「客観的」と考えられているコースでも応用することができる。

　宿題や試験を採点する際、それが算数・数学の問題であったとしても、教師はそこにある質的な違いに反応しているのである。しかし多くの場合、算数・数学の試験で与えられる最終的な数字による点数は、間違った答えの質的な原因がどんなものかにかかわらず、正しく答えられた質問の数を直接的に表したものに過ぎない。もし試験の結果が正しい答えを出すということだけに基づいているならば、2人の生徒が学びの発展過程で質的には異なった段階にいるにもかかわらず、数字の上では同じような点を取るということは十分に可能である。質的なフィードバックを提供することはまた、生徒たちが自らの学びの成長について知ることも助ける。

＊　＊　＊

　小学校教師であるマークが考慮した算数の小テスト2つの結果を見てみよう（図2・19a、b）。

図2・19aとb　小学校の算数小テスト

a. 月曜朝の小テスト　氏名：ジル　　10点満点のうち7点
b. 月曜朝の小テスト　氏名：ジャック　10点満点のうち7点

　ジルとジャックはこの小テストで同じ成績を取り、間違えたのも同じ問題であった。しかし、2人の答案で間違いのパターンを見ると、それぞれの学習[習得]程度には大きな違いがあることが見て取れる。ジルは7と6を足すと12になるという考え(I)レベルの間違いを繰り返している。一方でジャックは足し算をする時に位を移していない、ということは繰越というつながり(C)がまだできていないということの表れである。

　この小テストの結果は、マークが考慮すべき2種類の情報を提供している。一つは計量的な点数であり、もう1つは学習がどこまで発展しているかの質的な表現である。彼がこれからどのように教えるか、そしてそれぞれの生徒にどんなフォローアップの課題を与えるかを決めるのには、両方の情報が必

要である。教え方について作戦を立てる前に、間違いの数だけでなくその性質を分析することで生徒の答案に表れた学びの弱い点に対応することができるようになる。

　学びの発展において間違いのパターンが意味することをメモ書きにして計量的な点数に足すことで、今後の教え方と学び方への青写真ができる。採点と学びの質を関連させることも（この場合は、より高いレベルの算数ができるようになること）、同じ目的を果たす。採点と学びの質を関連させる方法として古くから使われているのは、より高度な質問にはたとえば2点ではなく5点というように、より重点を置くことである。しかし残念なことには、これが試験の結果にもたらす全体的な効果は、それぞれの質問の比重をどうするかではなく、生徒の取った点数がどの程度散らばっているかによる。

＊　＊　＊

　中学・高校レベルのビジネスを教えるデビッドはよく、「評価は構わないが、採点は嫌だ」と言っていた。このコメントは多くの教師が評価における複数の異なった目的の間で折り合いをつけようとする時に感じるためらいをうまく表現したものである。コメントの最初の部分で、デビッドは生徒の学びを高めるような形で使われる評価について述べている。それは意見を交換すること、そして理解を深めることにつながる質的なフィードバックであり、学習者が「ここからどこへ行けばいいのか」という自らの質問に答えることを助けるものである。

　このコメントの後半は、評価のプロセスの中でも、報告目的のために学習の達成度合いを記録するという部分に関するものである。教師は通常このために、学びの結果を代表するパーセンテージまたは文字による成績をつけることを求められている。成績をつけるのは基本的には管理目的のためであって、記録を残すことと、達成したことを記録することが優先事項である。教師たちは形成的（Formative）評価を与える時よりも最終成績をつける過程につ

いての方がより[発言が]控えめになりがちであるが、それは評価における教師にとっての優先課題が管理者[の優先課題]とは異なっているからである。教師は書類の作成や記録作りよりも、学びを向上させることを大切に考えているからである。

　教師がまず重視するのは生徒たちの学びと成長であったとしても、成績をつけることで学習達成の記録に貢献することは[教師に]求められている。正式に報告された成績は伝統的には、学びの最終結果を表すものと解釈されてきた。[成績に]暗に含まれる「最終的なもの」という意味づけは教師の多くが避けたいと思うことであり、特に学習を持続的な成長と発展の過程と見なすものにとっては特にそうである。このICEモデルは成績を[学習結果の]まとめとして解釈する古典的な伝統と、一部の教師が好む継続的な学びを促すような決定的で形成的な評価の間をつなぐ橋の役割を果たす。

　デビッドと他の教師たちは、自分たちが信じるところの学習の発展的な性格を反映しながら、学校は生徒の達成を報告・記録する必要があることも考慮に入れた、成績のつけ方を考案した。ICEモデルは学びを考え(I)から応用(E)へ、素人からエキスパートへの進み具合として評価する枠組みを提供しており、それでいて管理する側からの成績に対する期待にも沿うものになっている。

　デビッドの授業では、考え(I)は生徒が身に着け、持っているものと考えられている。そのため、考え(I)レベルの学びは彼の授業では合格するのに必要な最低限の基本事項である。[合格するのに]生徒たちは広告(ビジネス)の基本的な重要コンセプト、用語、そして理論を十分に理解したことを示さなければならない。

　つながり(C)レベルの学びは生徒が基本的なコンセプトの間にある関係

と、これまでに学んだこととこのクラスで学んでいることの間にある関係を示すことが求められるので、こうした学びの表現は考え(I)レベルの学びよりも高く評価される。こうした価値判断により、つながり(C)レベルの学びに与えられる点は、考え(I)レベルの学習表現がよりも高くなる。

　デビッドのルーブリックにある表現は質的な性格を持っているので、事実に基づく質問に正しく答えるということを上回る学びの熟練を披露するよう、生徒たちを促すことになる。ここから生まれる結果の一つとして、生徒たちが自らの学びを、素人からエキスパートへと続く知識習得の連続線上を進む過程での前進の証拠だと考え始めることがある。学びの連続線は学ぶための機会は教室から離れたところにもあることを伝えることになる。生徒たちは、自分たちの学びは決められた授業の期間が終わった後も続くのだということを理解し、当てにするようになる。

　しかし、生徒と親たち、そして教師のデビッドが理解しているのは、自分たちは基本的には［多種の情報が］単純に足し算された計量的な世界にいるということで、そこでは、文字による成績と数字による点が日常の現実である。そうではあるが、デビッドの生徒たちは親に［学習］進歩の度合を見てもらうために生徒が主導する発表会を開いた。生徒たちは学習ポートフォリオ(Learning Portfolios)を自分たちが学んでいることの形のある実践的な証拠として発表した。生徒と親たちは、［このことを通じて］成績は正解と誤答を足し引きしたものというよりは、自らの学びの質を反映したものだということを理解するようになる。生徒が主導した会で、１６歳のクロエの両親は娘になぜこのクラスでは熱心に勉強して他のクラスではそうでないのかたずねた。彼女の答えは「信じられない！学校で本当に何かを学んでいるんだから」というものであった。

　応用(E)をするように生徒を招くこと、そしてそうしようとする試みを評

価することで、生徒たちは評価の結果を学びの連続線の上で続く進歩の最新のスナップショットに過ぎないと考えるようになる。ICEの枠組みは学習を長期的な観点に置き、生徒が[自らの]評価の結果を最終結果の要約ではなく、持続していく成長の目印として見ることを助ける。

＊　＊　＊

　学期の半ばで成績表が家庭に送られる前に、P先生が教える小学生たちは生徒主導の発表会を開く準備をする。生徒たちはそれぞれが[与えられた課題をこなそうとする上で]最初の試み、2番目、そして最後に出来たものを含めた自分の学習ポートフォリオを用意した。これは親たちに対して、自分たちが学びにおいてどれだけ成長したかを見せるための手段である。生徒たちはまたこの機会を利用して自分の言葉で何をどのように学んだか、その学びが成績表にどのように記録されるかを説明する。この過程があることで、それぞれの生徒が自らの学びのパターンと進歩をつかんで理解することが確実になる。

　この会にはさらにもう一つの要素があり、そこでは生徒たちが親にこれからどのように学びを向上させていくかの計画を披露する。生徒たちは成績をたとえば5パーセント上げるというのではなく、学びが成功するための具体的な作戦を立て始めることもできる。なぜなら、ICEは生徒たちがそうすることを可能にする用語と枠組みを提供しているからである。生徒たちは新たに学んだことを使う方法がほかにもあるかどうか、そしてこれまでに学んだことを新しく解釈する方法などについて語ることができるようになる。

＊　＊　＊

　ルーブリックと[課題などで]期待されていることを生徒と分かち合うということは、全員が学びの進歩の過程における各レベルで必要とされる表現がどんなものか、そして改善のためにはどのような方法を取ったらいいかについて認識できるようになるということである。こうした形で、ICEは生徒にとって自分またはほかの生徒を評価する技能を伸ばす枠組みとして機能す

る。時間が経って経験を積めば、生徒たちは正式なルーブリックを作らなくても、自らのまたは他の生徒の課題にICEの原則を当てはめるようになる。生徒が独立して教師の主導によらずICEを使うということは、生徒たちが自己評価と独立した学習能力を身につける方向に進んでいることを意味する。

最後に成績をつけることについて

　成績をつけることは通常、ルールを適用することを意味する。結果をまとめて、最終的にそれらを凝縮した一つのレッテルを作るのである。たとえば、授業での課題の点がすべて足された上で、試験の点と合わせて最終的な点となり、そしてそれが成績に換算されるというわけである。

　成長をより重視し、個人に合わせたモデルを使うことは、成績に対するこのような客観化されたアプローチの邪魔になる。こうしたモデルはそれぞれの生徒に同じクラスにいるほかの生徒のものとは大きく異なる課題を提出することを許すことになる。

　ルーブリックを使うと、教師と生徒が異なった種類の課題を評価するのに全く同一の尺度を使えるようになり、[点数などを]足し合わせる作業がしやすくなる。この成長モデルは生徒が学習の連続線の上でどこにいるのかを示す点でも役立つ。

　その上で、学習者に関する共通の情報に基づいて、基準または規範に基づく翻訳をすることが可能になる。たとえばデビッドは自分の学校では成績を報告するのにパーセンテージに基づく尺度を使わなければならないが、成績の範囲をICEのルーブリックを使って表し、それを一人一人の生徒と話し合う。P先生は生徒が主導する親向けの発表会を、[各生徒の成績を]1つだけの「レベル」に分けるよう求める成績表を作る際の裏付け

> として使う。親たちは自分の子供が作成した課題の質をカリキュラムで期待されていることの文脈の中で見る。こうした情報の豊かさはまた、最低限の情報しか含まれていない成績表が伝えることは到底できない形で、報告された成績をわかりやすいものにしてくれる。[教師の]ボブＷは自分のルーブリックを、生徒たちが優れている点と弱い点を詳しく述べる機会として使う。その上で、彼はこれらの情報をまとめて一つの成績にするが、これは大学レベルでは達成レベルを決める課程では基準が使われたとしても、通常は規範的に解釈される。

学習者とICEを共有する

ICEの枠組みを学習者と共有すると、彼らに自分自身の学びが持つ発展的な性質を理解する機会を与えることになる。それが認められて促進されると、生徒たちは学びの成長に向けて論理的に前進する道は何かを見定めることで、学びを向上させるための作戦を考え始められるようになる。その上で、自らの学びの質の中に存在するバリエーションへの理解が生まれる。

ほかの分野でもそうであるように、教師がICEとその使い方に関する重要基本コンセプトをどのように説明するかは、生徒がこのモデルを理解し、その上でそれを最も有利になる形で使えるかどうかの点に影響を与え、それは長く続く。

＊　＊　＊

コミュニティ・カレッジのビジネス学部で教えているジョンは、学生が提出した課題の質がどう異なっているかをどうしたらわかりやすく、そして最近の宿題につけられた成績の幅を理解することを助けるような形で説明できるか、悩んでいた。この課題はケース・スタディを分析するもので、ジョンは次のようなアプローチを選んだ。

「さて、このケース・スタディは壊れたトースターのようなものだね。君たちのうち何人かはケースを要約して、『確かにトースターは壊れています』というようなことを言っている。ケース・スタディで問題の元になっている部品が何であるかを指摘していて、これは正しいのだが、そこで分析が終わってしまっている。」

「もう一つのグループはトースターが壊れているという点では最初のグループと同じであるが、さらに、なぜそれが壊れているのかを述べ、場合によっては、壊れた部品が壊れていない部分にもどんな影響を与えたかについても述べている。」

「人数はとても少なかったが、君たちの中には『確かにトースターは壊れています。どう壊れているかというと…、どのように壊れたのかは…、そして…こうしたら修理できます。』というところまで分析した人もいた。これこそが完全な分析というものである。」

多くの点で、課題が提出された後でジョンが思いついた「壊れたトースター」という例えは、ICEのルーブリックで使われているのと同じような質的な分析を反映している。

壊れたトースター

■確かにトースターは壊れている(考え、I):トースターが機能していないという重要な基本要素が明らかにされている。

■トースターは壊れていて、その理由は次の通りだ(つながり、C):要因と要因の間の関係が明らかにされ、原因と結果に関する推論がされている。

> ■ トースターは壊れている、その理由は次の通りで、修理する方法はこうである(応用、E)：授業の内容からこのケース・スタディにある新たな状況への推論がされ、修正案が示され、問題となっている状況をどう解決するかが提案されている。

ジョンは生徒たちが完成させた課題を読んだ後で初めて、「良い」「さらに良い」、「素晴らしい」にあたるケース分析の性質を詳しく述べることができるようになった。彼は[この課題を]評価をする過程においてこうした[質の]違いについて意識的に考え、それ以降はケース・スタディの課題を出す時にこの「壊れたトースター」の例えをまず話すようになった。彼は自信を持って、生徒たちに提供した表現が質の高い課題や作品とはどんなものなのかを示す枠組みを与えるが、同時に[期待される]答えを教えてしまうことはないと考えている。考え(I)、つながり(C)、応用(E)の間にある違いが何であるかを理解していても、すべての生徒がそのような違いを実行できるということではないからである。

＊　＊　＊

もう1つ、生徒のためにそして生徒と共に評価過程をわかりやすくする例をあげると、ボブは大学院の学生がこれから授業でする発表について、それを評価するルーブリックを作るのに学生を関与させた。この作業の準備にあたって、ボブはまず考え(I)、つながり(C)、応用(E)のレベルにおける学習がどう違うかについて数分かけて説明し、**ICE**モデルを紹介した。[ICEの]重要基本コンセプトを理解した学生たちは、それをこれから予定されている発表に当てはめようとした。

小グループでの話し合いを経て、このクラスは全体として、予定されている発表の最も重要な要素について合意した。学生たちはまず評価に値する4つの最重要要素を定めたが、それはわかりやすさ、知識、発表トピックの応用、そして[利用した]素材であった。

ボブは同じ話し合いのグループを使って、それぞれにこの発表の要素のうち一つに限って、ICEの各レベルを代表する表現を作らせた。

学生たちが作った単独の要素に関するルーブリックを集めて検討してみると、「知識」という要素はほかの要素から独立していないことが明らかになった。知識は他の部分の全てに様々な異なった形で表れていたので、独立した要素としては省かれて、その代わりに最終的なルーブリックのドラフトでは他の要素に組み入れられた。学生グループが作ったものをまとめると、図2・20の表のようなものができた。

図2・20　授業における発表のためのICEを使ったルーブリック

要素	考え	つながり	応用
明確さ	■トピックについて正確なことを述べている ■用語と概念は明確に定義されている ■プレゼンテーションは論理的で筋が通っている	■例は適切である ■質問に答えられる ■考えと考えをつなげることができる ■概念を教室における状況と結びつける ■聴いている人が自分の状況とつなげられるようにする	■理解したことに基づいて、新たな状況で推定する ■発表をこのコースやプログラムの他の部分に関連づける
適用	■この内容がどう適用できるかについて、基本的なことが述べられている ■教科書から取った例を使って適用性を示す	■聴いている人がその分野に適用できるかどうかを決められるよう助ける ■発表は興味をひき、生徒たちの関心に沿っている	■発表者は批評的な考え方をしていることが表れている ■聴いている人が参加し、自分にも当てはまることを示す

要素	考え	つながり	応用
	■このデータ・セットに適用可能であるということの詳しい説明		■素材をユニークな状況に適用する
素材	■配布物にはリソースと定義が含まれている ■役に立つ ■アプローチしやすい ■プレゼンテーションのスタイルが一つではない ■明確で短くまとまっている	■発表は素材に言及している ■論理的な形で流れがある ■振り返って考えるための質問を提供する	■さらに学びを深めるためのリソース(ウェブサイト、関係する研究機関など)を紹介する
成績評価	OK	より良い	素晴らしい

　このプロセスには全体で授業時間のうち20分ほどが費やされた。ボブが授業後、各グループが作ったものをまとめて、最終的なルーブリックにするのに使った時間は１時間ほどであった。ボブは「知識」というカテゴリーを他の要素に組み込むという点を除いては、学生グループが提出した通りに［ルーブリックを］書き上げた。それから、縦の列それぞれに評価のラベル(OK, より良い、素晴らしい)をつけ、学生たちがICEのそれぞれのレベルは学習と技能の表現という点でどんなものなのか理解するのを助けるようにした。

　学生たちはボブがまとめた表をよく見た結果、自分たちの発表に関して重要だと思われることをよく捉えているということで意見が一致した。この結果、クラスの一人一人がこのプロセスにより個人的なこだわりを持ち、プロ

セスを自分のものにすることができた。学生たちは他の学生たちや教員にとっては何が大切か、そして自分が学んだことを披露するには何が必要かを知ることができた。

　これらのルーブリックは発表者各自にフィードバックを与えるために使われた。それぞれの発表に当てはまる表現をチェックすることで、さらにはページの大きな余白を使ってインフォーマルなコメントを書くことで、各発表者は建設的で助けになるフィードバックを受けることができた。チェックされた表現とインフォーマルなコメントの両方に基づいて、最終的な数字による成績をつけるのはボブの責任であった。

　ボブは３つの表現レベルがそれぞれ成績という点ではどの程度の比重を持つか、意図的に決めなかった。彼の経験では、成績の比重がルーブリックの一部として含まれていると、学生たちは学びの成長のレベルそれぞれに関連する学びの表現ではなく、そうした数字の方に注目してしまう傾向があるからである。

＊　＊　＊

　美術教師のメアリー・ルーは高校生の授業でルーブリックを作る過程に生徒を関わらせた時に同じような経験をした。多くの教師と同じように、彼女にはこれまで使っていた評価の仕組みがあった。しかしそのシステムは基本的に計量的な性質を持っており、生徒たちがアーティストとして進歩するのに助けにならなかった。彼女の生徒たちは宿題につけられた成績から、自分たちの出来具合を推論することはできた。しかし、より向上するためにどのようなステップを取ったらいいのかを簡単に見定める方法はなかった。そのためには、教師が時間をかけて文章で説明を書いたり、課題が終わってから生徒と教師が一対一で面会する必要があるからである。

　寒冷色を使った図画の練習では、点数は３つの部分からなり、元の評価方

法は次のようなものであった。

　　寒冷色を使うことやスケッチ　　　10
　　まとまり　　　　　　　　　　　　10
　　筆の使い方　　　　　　　　　　　10

この成績のつけ方に関する表は生徒と共有された（図2・21）。

図2・21　成績をつけるための表の一例：計量的なアプローチ

要素	6点未満 不合格	6－6.4点 合格	6.5－7.4点 平均	7.5－8.4点 高いレベル	8.5点 特に優れている
スケッチ					
まとまり					
筆の使い方					

必然的に、生徒たちは［教師の］メアリー・ルーにまあまあ、平均、そして高いレベルの作品の例を提供するよう求めた。つまり、この計量的な表には彼らの学びと技能の発展をガイドするのに足るだけの情報がなかったのである。

美術作品を比べてみることとグループでの話し合いを通じて、このクラスと［教師の］メアリー・ルーは協力して、技能をどう伸ばすか、そして課題の自己評価、他の生徒による評価、そして教師による評価を導くような質的なルーブリックを作ることにした（図2・22）。

図2・22　ICEアプローチを使った質的なルーブリックの例

要素	考え	つながり	応用
スケッチ	■絵を描く前に仮のスケッチが薄紙の上にされており、白いカードに転写されている	■スケッチの濃淡のつけ方は最終作品に含まれるべき明るい部分と暗い部分、及び風合いを示している	■作画する上ですべての細かい点が含まれている ■スケッチは絵の青写真になるくらい完成度が高いものだ
まとまり	■すべての色は寒色である ■全体に純粋色が使われている	■色を混ぜている場合は、同じような強さである ■何かほかの表面ではなくパレットで混ぜたことが見てとれる ■様々な濃さの灰色を作るのに黒と白が使われている	■トーンのついた色が混ぜられて、深みと量、そして風合いが作られている
筆の使い方	■筆の選び方は媒体にふさわしい	■見た目を興味深くするため、筆の太さや風合いを変えている	■筆致で風合い、量と深みが出ている

　彼女は「ICEのルーブリックを作るには」(42～45ページ)に示されているのと同じような形でルーブリックの作り方を生徒に説明したため、この協力の過程はボブの場合よりもだいぶ長く時間がかかった。メアリー・ルーのクラスでこの過程が思いがけず役に立ったのは、生徒たちが芸術において様々な要素は互いに関連しているということを総合的に理解するようになったということである。彼らは人によって異なる趣味や大まかに定義された基準な

どではなく、そうした要素に基づいて評論的に見る視点を養い始めた。つまりは、時間をかけたことはそれだけの価値があったのである。

　ICEの枠組みは前倒しの評価を奨励する。というのは、すべての学習課題が始まる時に［そこで］期待されることや限度がはっきりと定義されるということである。評価を前倒しにするということは時間がかかり、注意もいる。早い段階で時間の投資をすることで通常は、課題が終わったあとで、［評価の］主観性や何を基準にするかという問題に取られる時間を減らすことができる。

最後に生徒とICEを共有することについて

　教師たちは、ICEを使っていることを生徒たちに知らせるには、高いレベルの自信が必要だと述べている。教える科目について深い知識を持っていることから来る自信は、学びの進歩における細かな点やニュアンスを見分けるプロセスを促進するのにだいぶ助けになる。教えている科目で専門家レベルの知識がない教師は、ルーブリックを作り、生徒たちの学びをマッピングする過程でほかの教師と協力する機会がない場合には、特に高いレベルのリスクを感じることになろう。

　教師にとって、基本的に考え(I)に基づく授業にあると一部の人たちが考えるところの支配権を放棄することも、高いレベルの自信がないとできないことである。学習者につながり(C)と応用(E)をするよう奨励することは、ある程度の不確実性をともなう。学びがどんな方向に行くのかに関するこの不確実性こそが、実は、一部の生徒たちにとっては、学びをわくわくするものにさせるのかもしれない。

生徒たちのICEへの反応

　P先生の5〜6年生のクラスの生徒たちは、学習の中で応用(E)をすることができると特に活気にあふれる。生徒たちはごく小さなことであっても、学びにおける次のレベルへの飛躍ができると、自分自身とそしてクラス全体にそれを認めさせるために、「ぼくはICEができた！」というフレーズも作った。こうした飛躍は単に事実やデータを知っているということから、世界を見る見方が変わるようなレベルに上がることを意味する。生徒たちは細切れの情報を知っているということと、そうした情報(考え、I)を使って何か新しいものを作り出すことの間にある違いを理解できるようになったのである。

＊　＊　＊

　P先生の生徒たちは3人から4人のグループになって、授業でICEを使うこととそれが自分たちの学び方に与える影響について話し合った。

>　「ICEは好きです。もっと学ぶように、考えるようにチャレンジされるし、そうしたことができたら評価されるからです。」

>　「新しいものを作り出すことができるようになります。私は新しいものを考える人になりたいです。[それは]いつも先生でなければならないということはありません。先生が予想していなかったようなことをやってみて驚かせるのはいつも楽しいです。」

　このモデルが自分たちの学びにプラスの効果をもたらしたことについて話す時はみな活気づいているようであったので、次の年はどうするつもりかという質問が出された。翌年にはICEを知らない教師が教えるクラスに入るかもしれないからである。リディアはすぐにこう答えた。

>　「ICEは簡単に習得できて、ほかの人に教えるのも簡単です。次の先

生にICEについて私が説明したら、きっと使うと思います。もし使わなくても、私は自分で使えばいいのです。でも、本当はクラス全体で使うほうがいいです。」

一方、アイリーンは多少違った考えを持っていた。

「どんな先生か、最初は様子を見ます。先生が自分ではわかっていなくてもICEを使っていることもあり、それは見ていればわかります。[そのような先生は]ただ、事柄を覚えるのではなく、本当に学んでほしいと思っています。それなので勉強を楽しいものにして、私たちが興味のあることをしてくれます。習っていることを、自分たちが好きなことに使えるように助けてくれるのです。」

こうした生徒たちの声はたびたび聞かれた。教師が使っているのがICEであるかほかの評価モデルかにかかわらず、生徒たちは教師が学びと学びの表現に何を期待しているかを知ることを好んでいる。さらには、生徒たちはただ単に事実を暗記するのではなく、自らが学んだことにそれぞれ独自の意味を見出すことを要求するような課題にともなうチャレンジも好んでいる。

* * *

デビッドが教える広告(ビジネス)の授業を履修している高校生スティーブンは、ICEの枠組みの中での学習について話し合うフォーカス・グループに参加した。彼の意見は要約すると次のようになる。

「ICEを学習と評価のために使うことは、ほかのもっと昔からある正しい答えと間違った答えを足していく方法よりも簡単ではないけれど、でもそれは問題ではないんだ。僕はもっと関心を持って学んでいるので、より多くを身に着けているんだから。」

スティーブンが語るところのこのプロセスにおける関心は、教師が生徒たちの能力を高く評価していると、生徒たちが考えるところから来る。教師が生徒たちは単に事実を覚えるよりもっと多くを達成できるはずだと考えているということである。そうすると今度は生徒たちがデビッドの授業で自分たちがどのように学んでいるかを高く評価するようになる。［このことについて］生徒の何人かは次のような形で自分の意見を表明した。

　　「N先生は生徒につながり（C）を作ることを期待しています。ほかのクラスでは多くの場合、考え（I）ばかりで、先生はそのレベルから先に行こうとしません。でもつながり（C）と応用（E）こそが、勉強の中でもエキサイティングなところなのです。」

　　「N先生はICEを使うことで、僕たちが何を学んでいるのかを自分で解釈することを助けてくれます。先生は自分が教えた基本的な情報（考え、I）を生徒が知っているかどうか、ほかのことにも関連づけられるかどうか（つながり、C）、そしてそのことをより高いレベルやほかの課題にも応用できるかを知ろうとしているのです。」

　　「授業でよくあるのは、暗記して、それを［試験の答案などに］書いて、そして忘れてしまうのです。この授業で私たちは自分たちが習っていることにもっと関与します。もし、つながり（C）と応用（E）をすることができたら、そのことをしっかり学んだのだということが今はわかるようになりました。」

　［この話し合いで］起こっている学習の質ということに話題が移ると、生徒たちの意見が一致したのは、生徒がつながり（C）を作り、さらには応用（E）で「ああ、そうか！」と気づく瞬間を経験することによって、学んでいることに自分なりの意味を見出す機会があるかまたはそれが期待されていると、学

びはより長く続くということであった。

「事柄だけを学ぶ授業もありますが、それだと、先生が大事だと言ったことをよく暗記したので、テストの時は覚えています。でも、それを使う機会がなければ、忘れてしまいます。あとで振り返ると、本当は何を学んだのだろうと思うのです。」

「このクラスでは、良い成績を取りたかったらどうしたいのかわかります。ほかのクラスでは、それがわかりません。わかるのは、正しい答えが多ければ点数が高くなるということだけです。このやり方だと、自分で自分を評価できます。どれほど学習内容をわかっているかが自分でわかるのです。この授業でN先生が関心を持っているのは、考え(I)そのものではなく、むしろ、それらの考え(I)をどう使ったかなのです。」

第3章　ICEの汎用性

　本書で紹介した例は、ICEが広い範囲のカリキュラム分野と様々な学習表現の形に適用できることを示している。このモデルの推奨者たちは科目や表現方法にかかわらず、正規のものとそうでないものも含めて、学びの成長を評価する機会があるならどんな場合でもICEを使うことができると確信している。

カリキュラムの広い範囲に応用する

　本書でこれまでに出た例は、ICEは教えるためと評価の両方のツールとして、グラフィック・アートから算数・数学の問題を解くことまで様々に異なった分野で、そして幼稚園児から大学院生にまで効果的に使うことができることを示している。以下に、教師たちは特に自分たちの興味のある分野でICEを使うことに関してそれぞれの考えを述べた。

演劇と音楽

　高校で演劇を教えるレンは、ごく簡単なICEの紹介と成長の3段階における学びが他の科目ではどんなものなのかの例について知ると、すぐにそれを自分の授業で生徒たちが学んだことをどう表現するかと関連させることができた。

まず自分でこのモデルを明確にしようとする中でレンは、考え(I)レベルが最も頻繁に表れるのは生徒たちが演劇の土台となるものを正確に描写して、表現することができた時だと主張した。この演劇の土台というのは、演技のクラスにおいてはマイム、活人劇(タブロー)やフォーカス・レベルなどのテクニックを実演してみせることであり、音楽の授業では指の置き方、初見で弾くこと、正確さなどの技能である。レンはつながり(C)の段階の学びへと進む動きは生徒たちがそうした描写や実演からさらに進んで、それらのテクニックを応用して何か新しいものを作り出した時に見られると考えている。そうした動きはまずは整備された環境の中で、そしてそれに続いて即興の状況で起こる。彼は応用(E)レベルの学びの性質については次のように述べている。

「応用(E)の段階に達する生徒たちは[そこで学ぶべき]概念とその使い方を理解している生徒たちで、それは彼らの行動全体に影響を及ぼす。それは、[身に着いて]彼らの一部になるのである。そうなると、教室に入ってきた時すでにそれらのコミュニケーション能力を使っていることが見てとれる。問題解決のスキルも使っているし、グループ作業のスキルにも使っているのである。演劇ではその３つが生徒に身につけさせたい最も重要なスキルである。教室でそうしたスキルが使われていると、生徒が集まる場所でも同じことが見られるようになる。[教室とは]まったく異なる文脈だが、彼らはそうしたスキルが教室以外の場所で持つ意味を理解しているので、使うことができるのである。そうした技能は彼ら自身の大きな一部となったので、[違う状況に]移し替えができるのである。」

一部の人々が荒削りの才能と呼ぶものと、学んで身に着けたスキルの違いについて説明するよう求められて、レンは次のように答えた。

「世界をどう見るかは皆異なっているので、この『違った』見方があると、その生徒たちはつながり(C)から応用(E)へジャンプするのが容易になるのかもしれない。彼らはある特定の見方で世界を見ているので、『ああ、そうか!』という経験をすることができた。教師としての我々の仕事は、その他の生徒たちが自分なりの世界の見方を養うのを助けるように環境を整えてあげることである。」

彼はまた慎重な意見も持っていた。

「技術的な能力を持っていたとしても、それを自分の物にして技術的な最初の一歩から先に進めることができなければ、その技術的な完成は考え(I)レベルの学びに過ぎないかもしれない。応用(E)に向けた線の上を進んでいくのは、技術的に正確であることに加えて感情を伝え、役柄を伝えることができる生徒たちである。生徒全員が技術的完成を超えたさらに上のものがあるということに気付くわけではないのである。」

レンがICEを使うことを好んだ理由の一つは、このモデルを使うと比較によって成績をつけるのを避けることができることである。ほかのカリキュラム分野でもよくあるように、芸術では教師がクラスで最も技術的に才能のある生徒を選んで、ほかの学習者を比べる基準にしてしまうことがよくある。そうなると、成績をつけることはほかの生徒たちが[最高レベルの]能力にどれだけ近づいているかの度合を決めることを意味する。この方法は関係する全員にとって限定的である。[教師の]レンは、これは才能のある生徒がさらに伸びるのを助けることはほとんどなく、ほかの生徒にも「これは素晴らしい。[それに比べて]君はまだまだ。」ということを伝えるだけで、それ以上のものはないと主張する。ICEの枠組みの中で進歩の特徴となるような性質という形で学びを表現する言葉を提供することは、学びについて下される判

断が客観的な基準によることを確実にする。そして、すべての生徒たちが[これからの]学びに関するプランを明確にもてるように助ける。

＊　＊　＊

技術工作とテクノロジー

　技術工作の教室で身に着く体を使った技能は、他の種類の学びでも見られる発展の成長パターンと似ている。高校で技術を教えるトムによると、ICEをスキルの発展を評価する枠組みとして使うことは完全に理に適っている。トムは広く考え(I)レベルの学びとして考えられるものをいくつかあげたが、それは安全のための手順を知ってそれを守ること、機械を作動させる時の手順、基礎的な数学、そして建築材料の基本的な特徴を知っていて述べることができるなどである。これらはどれも初歩的なことであるが、極めて重要な知識と技能である。つながり(C)は[トムによると]、生徒たちがそれらの技能と知識のうちいくつかを組み合わせて形のある何かを作り出した時に見られる。応用(E)は生徒が考えたデザインを実行に移して完成させた時である。

　もっと小さなレベルでは、トムは完成した作品と用具の使い方は一つ一つがすべて、ICEの枠組みを使って評価して特徴を述べることができると考えている。彼は帯鋸の使い方に慣れているかどうかを例に取った。

>「習い始めて日が浅い子たちは帯鋸の周りでそわそわし、取るべきステップを一つ一つ見直して、決められた手順も復習している。これから切る木材を測ったのにまた測ったりしていることもある。つながり(C)の出来ている子たちは決まったやり方と作業手順のいくつかのステップを凝縮して、切る木材を測るのではなく、刃から端までの距離を測る。」

トムはさらに、ステップをまとめてプロセスをより簡素化できるということは、生産性が上がるということであり、これは雇用者が高く評価し、報いるものだということも説明した。トムが生徒の作った作品の質の大切さを(生徒たちに)伝える一つの方法として、実社会の基準とリンクさせることがある。彼は生徒たちに、もし最上級の技術で作られた完成作品に１０ドルの値段がつくとすれば、(生徒たちが作った)それぞれの完成作品にいくらだったら支払うかを判断するよう求める。この自己評価及び生徒が他の生徒を評価する方法を通じて、生徒たちはそれぞれの作品の価値を、この場合は蓋のついた木の箱であるが、質的な基準を使って評価することができるようになる。この練習は完成品の質の大切さを改めて強調し、生徒に作品が持つ形と出来具合の特徴を一つずつ批評的に見定めさせる。(この結果)、生徒たちは釘で打ち付けた角ではなく整って組み合わせられた角を、緩過ぎたりきつ過ぎたりするのではなくちょうどよくはまる蓋を、さらには粗い角よりも滑らかな方を高く評価することを学ぶようになる。その上で、彼らはこうした特徴を自分で作り出すのに必要な技能は何であるかをはっきりと認識するようになる。

　トムの教え方の基本にあるこの科目に関する(トムの)専門知識のレベルについて注意すると、興味深いことがわかる。ほとんどの場合、教師はある特定の生徒が学びの成長線の上でどこにいるか、人目で見て取れるものである。場合によっては、トムはその生徒のすぐ近くにいなくてもそうした評価をすることができる。溶接をする場所からシューッという音が聞こえてきたらそれはバルブの中に酸素が通り過ぎているということであり、帯鋸が高い音程で泣き声のような音を出したら、切断の角度を見誤っているということである。この２つは両方とも、作業をしているのが素人であることを示すものである。

＊　＊　＊

　クリスティーナは成人にコンピューターのアプリケーションを教えてい

る。彼女のワークショップには正式な学びの評価はない。だが、彼女はICEを学習者の行動、コメント、質問を解釈するためのツールとして使うことによって、自分の生徒が何をどの程度学んでいるかを良く把握している。

トムと同じようにクリスティーナも、より素人に近い生徒ほど近道を使わずに決められた手順を厳格に守るという理解をしている。彼らはまた考え(I)レベルで事実に基づく質問をすることが多く、これらはほとんどが彼女がイエスかノー、または短く答えられる質問である。もっと高いレベルに進んだ生徒たちは、彼女が「複数のレベルにわたる質問」と呼ぶところのより込み入った答えを求める質問をすることが多い。これは彼らがつながり(C)を作り始めたことを示している。そうした質問をすることのできる生徒たちはまた、一つの課題を様々な異なった形でこなすことができる生徒たちでもある。彼らはそうした推論を可能にするようなつながり(C)を作ることができたのである。

* * *

スポーツと体育

体を使ったスキルを身につけることも、アカデミックな科目で必要となる学びの発展と同じようなパターンをたどるようである。計量的ではなく質的な物差しに基づいて、学習者を素人から専門家レベルへと導くような、明確に定義されたスキルの進歩があるのである。

高校でバスケットボールのコーチをしているレスリーは、ICEを選手の技能を向上させるために使うことができることを示す例としてパスをあげた。彼女の観察では、[バスケットボールを]始めたばかりの選手たちはパスの動きがロボットのようであり、それは主にパスのメカニズムにおけるステップを一つずつ練習する傾向があり、この動きをする直前の瞬間に意識的にそれらのステップを思い出しているからである(考え、I)。その結果はよく

練られて恐らくは技術的には優れたパスかもしれないが、これは試合の状況では成り立たない。もっと能力の高い選手たちは走りながらパスができる。彼らはステップのうちいくつかをまとめて、より滑らかに流れる動きを作り出し、走っていることから来る勢いとパスの技術を組み合わせて、結果を達成できるのである(つながり、C)。さらに優れているのは、「(体育館の)フロアが見える」選手である。彼らはほかの選手をボールに導くことができる。レスリーはこれに続いてすぐに、動きが流れるように滑らかなのは、選手の行動のほとんどが意識的にされていないことを意味すると指摘した。この選手たちは自分自身の動きを視覚で想像することをしないでよくなったのである。彼らは技術の重要な基本ルールを通り越して、そうしたルールを選手としての自分に合った形に作り変えたのである。

　発展の各レベルにいる選手が見せることの多い技能の性質を詳しく述べると、レスリーは自分の選手たちが今いる発展の段階から次に進めるように助けるための作戦を考えることができるようになる。彼女は選手たちにもっとパスを成功させるように、またはフリースローをもっと決めるようにと言っても、選手としての向上を助けるのには何の役にも立たないとも述べている。彼らが必要としているのは向上があったことを示す具体的な目印であり、**ICE**はそのための枠組みを提供することで貢献する。

　ほとんどのスポーツ技能は望まれる計量的な結果がどうであれ、これと同じような形で評価され、教えられることができる。水泳であれば、より早くより遠くまで泳ぐことが究極の結果かもしれないが、教えるという目的のためには正しい技術(質的なプロセス)を通じて効率を上げることが選ばれるべき方法である。

多様な学習成果に応用する

　自分自身の学びの発展の中で、教師の中にはICEモデルを使うことから派生する新たな自由を発見しているものもいる。それは[課題や宿題の]内容が全部同じになってしまうことからの自由である。彼らはICEの枠組みがそれぞれの生徒の学びについて、すべての生徒に自分が学んだことを全く同じ方法で示すことを求めないでも、健全で客観的な判断を下せるような構造と裏づけをもたらすことを発見した。ジムはこのことがなぜそれほど大切なのか、次のように説明している。

　　「コースが終わった時に生徒たちにしてほしいことは、自分がだれであるのか、そして学んだことがどのように自分にとって大切であるのかということの中で、学んだことを応用し、枠組みの中でとらえ、文脈を与えることです。だからこそ彼らが僕の授業で学んだことを応用するのはどんな文脈においてか、僕には予測できないし、彼らの代わりに[自分が]選ぶことができるとも思いたくないのです。究極的には、生徒たちに自分が学んだことを彼ら自身にとって意味がある方法で披露する機会を与えないことの代償は依存です。僕が本当に見極めたいのは、学びにおける勢いを生徒がどの程度引き継ぐことができるかです。そうなれば僕自身は彼らの学びのループから一歩外に出ることができます。そうなると、学びに向かう勢いは彼ら自身の中から出て来るようになるからです。」

　コースの概要と道しるべとしての学びの結果、さらには発展の各レベルにおける学びに期待されるものを詳しく述べるための枠組みとしてICEを使うことによって、ジムは自分自身と生徒の両方が、最終的に提出されるそれぞれの課題や作品に表されている学びの質を、それらが皆異なる形を取っていたとしても、評価することができると自信を持って考えている。

一方でジムはいくつか注意すべき点があるということも認めている。彼が考えるのは、自らの学びを個人的な、自分だけのものにすることに内在するリスクを生徒に取らせるには、教師の側にかなりの自信が必要になるということである。さらに彼は、自分の生徒たちがそうするだけの能力があり、準備もできているという確信を教師が持っていること、そしてそうした確信があることを生徒たちに伝えることが必要だと考えている。このような準備体制と生徒が学びを自分だけのものにすることができると信じることこそが、デビッドNやジムの授業での経験を教師と学習者の双方にとって実りの多いものにしているのである。

　恐らく、ICEを実際に使った例のうち最も優れたものは、このモデルを実際に生徒たちが提出した課題や作品に直接に適用したものだろう。次のセクションでは広範囲の科目と学年で使われた例をあげるが、これらの例はこのモデルの広い適用範囲のうち、ごく小さな部分だけを代表するものである。

＊　＊　＊

国語

図3・1　2年生の綴りの試験結果

```
        Reid
1  tail ✓
2  bird ✓
3  words ✓
4  magic ✓
5  maybe ✓
6  forest ✓      ☺
7  carrot ✓
8  bricks ✓
9  rabbit ✓
10 Sunday ✓
11 pretty ✓
```

この２年生の綴りの試験結果は模範的なもので、この生徒がこのリストにある語を十分にマスターしたことは疑う余地がない。この綴りの試験は丸暗記の学びを評価することだけに限られていたため、この試験は満点ではあるが、考え(I)レベルの学び以上のものを示すものではない。

図3．2　マジック・トリックは本当にうまく行く時もある

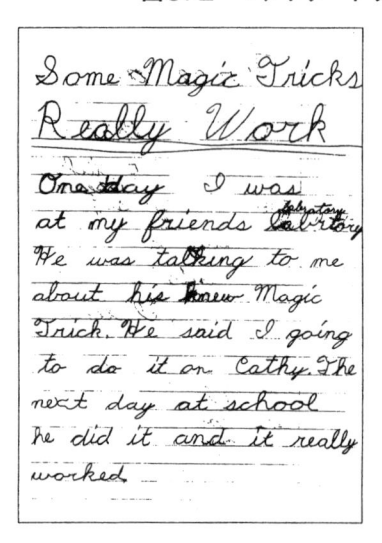

```
Some Magic Tricks
Really Work

One day I was
at my friends labratory
He was talking to me
about his new Magic
Trick. He said I going
to do it on Cathy. The
next day at school
he did it and it really
worked.
```

この例は３年生の創造的な作文の一例だが、考え(I)レベルの初期の段階の学びが示されている。筋の通ったお話を作ろうという努力は見られるが、作者はこの文章で自分が伝えたいことと、実際に文章で伝えていることの間につながり(C)を作っていない。というのは、聴衆や読者のことが十分に考慮されていないということである。構造上、文法上、そして綴りの間違いと大文字の不規則な使い方は、この学年で使われる基礎的な書き方がまだ徹底して身に着いていないことを示している。

図3・3　お化けの訪問者

```
THE MONSTER VISITOR

    There was a rapping and a tapping
         on my bedroom door.
       When I opened it up,
        I saw nothing more
  Than a shadow cast upon the wall
  By my baby sister's little toy doll.

        I went back to bed,
         Lay down my head,
       And went back to sleep,
        And didn't hear a peep.

      Twelve o'clock was the time,
 When from under the bed came the purple slime.
 Then from under the bed came a tentacle green.
 That is when I saw the monster's fangs' yellow sheen.
         His eyes were bright red,
 This was the night that I have always dread....
   The night of the monster from under the bed!

        My blood, he will drain,
       Then he will eat my brain.
          I will be devoured,
    And my grave will be flowered by

   Violets of blue and roses of red.
    This is the future that I dread.
 But, I have one weapon that will win this fight,
 So, I'll reach out fast, and turn on the light!
```

この作品を生み出すことになった5年生の宿題は、真夜中に訪れる者について詩を書きなさいというものであった。この作品はA-B-A-Bという韻を型通りに当てはめるよりもさらに高いレベルに達している。[課題を出した]教師は文の構造、韻文、そしてイメージに見られるバリエーションが雰囲気と緊迫感を作り上げていることに感心した。これは明らかに応用(E)レベルの提出物である。

　　　　　　お化けの訪問者

　　　　コツコツ、トントン叩く音
　　　　　僕の寝室そのドアに
　　　　　　開けてみたら
　　　　　　何も見えない
　　　　壁に伸びた影のほかは
　　　　幼い妹のお人形の隣に

　　　　　　ベッドに戻って
　　　　　　頭を横たえて
　　　　　　眠りに戻ったら
　　　　　何も聞こえやしない

　　　　12時こそがその時間
　　　ベッドの下から紫のねばねば
　　　ベッドの下から緑のにゅるにゅる
　　　その時見えた　お化けの牙が黄色く光る
　　　　　　目は真っ赤
　　　これこそ僕が恐れていた夜
　　　ベッドの下からお化けの夜

　　　　僕の血はみな抜き取られ
　　　　　僕の脳は食べられて
　　　　　　僕は丸かじり
　　　　　僕の墓場は花盛り

　　　すみれは青く、ばらは赤い
　　　これこそ僕が恐れていた未来
　　　でも一つだけ、勝てる武器がある
　　だから、素早く手を伸ばし、明かりをつけよう！

図3・4　クララ

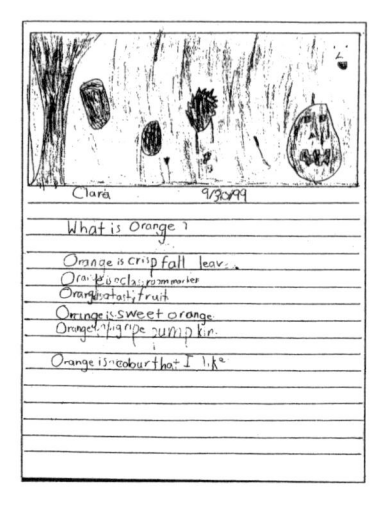

このイラストつきの課題は、1年生がオレンジという色を定義するようにと求められて書かれたものである。クララの作品は明らかに彼女がオレンジという色と彼女自身が身の回りでオレンジを経験したことの間につながり(C)を作っていることを示している。彼女は課題を自分のものにして、そのことでこの課題が学習者としての自分に持つ意味を表現している。

クララ　　　　　　　　　　　　　1999年9月30日

オレンジとは何でしょう？

オレンジはぱりっとした秋の枯葉です。
オレンジは教室にあるマーカーです。
オレンジはおいしい果物です。
オレンジは甘いオレンジです。
オレンジは熟したかぼちゃです。

オレンジはわたしの好きな色です。

第二言語習得

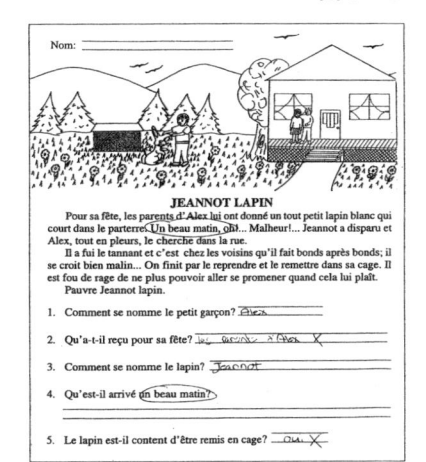

図3・5　（フランス語）

この生徒は考え(I)レベルの答えを要求する質問の両方に答えることができた点に注目したい。それらはこの話に出てくる登場人物たちの名前を問う質問である。しかし、この生徒は「与えられた」と「受け取った」の間に関係を作るよう求める質問や直接訳すのではなく推論が要求されるほかの質問には答えられなかった。この生徒はつながり(C)を作ることができていないのである。

図3・6　（フランス語）

このサンプルには細かな考え(I)レベルの綴りや文法上の間違いが見られるが、この高校生はフランス語を使って、意味を効果的に伝えることができている。くだけた形の間違いは彼がフランス語に自分なりの意味を見出すことができ、意味を効率的に(C)伝えられるところまでに達したことを示している。しかし応用(E)レベルで見られるような慣用句などを使いこなすところまでは行っていない。

図3・7（フランス語）

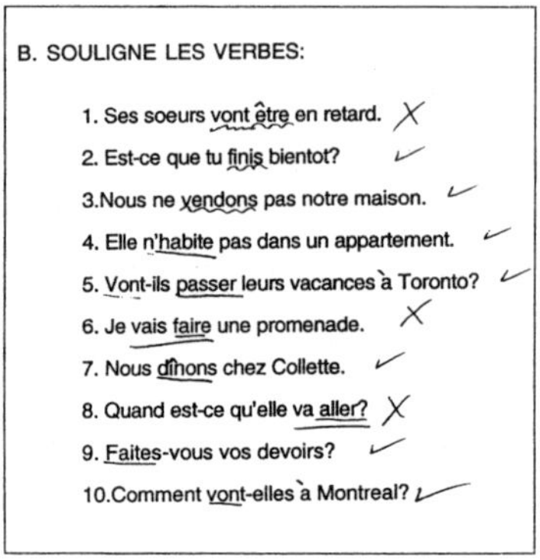

```
B. SOULIGNE LES VERBES:

 1. Ses soeurs vont être en retard.  ✗
 2. Est-ce que tu finis bientot?  ✓
 3. Nous ne vendons pas notre maison.  ✓
 4. Elle n'habite pas dans un appartement.  ✓
 5. Vont-ils passer leurs vacances à Toronto?  ✓
 6. Je vais faire une promenade.  ✗
 7. Nous dînons chez Collette.  ✓
 8. Quand est-ce qu'elle va aller?  ✗
 9. Faites-vous vos devoirs?  ✓
10. Comment vont-elles à Montreal?  ✓
```

この6年生の課ごとの試験は第二言語としてのフランス語のものだが、結果は明らかに考え(I)レベルの学びを示している。いずれの質問でもこの生徒は単純な形の動詞（考え、I）を見つけることができたが、修飾語句を認識することはできていない。この生徒の教師にとって、答えのパターンを見つけて、明らかな学習のニーズに対して何らかの対策を取ることは簡単にできるはずである。試験のこの部分の採点だけでは、そのような効果は生まれない。

第3章　ICEの汎用性　97

社会科

図3・8

> 3. Urbanization is the process of changing settlements from rural to urban. When this happens city cities get large and everyone has to adapt to it. Urbanization occurred when Pittsburgh & The Western Townships became part of Kingston.

3．都市化とは人の定住地が農村から都市に変わることです。都市化が起こると、都市は大きくなり、皆がそれに適応しなければなりません。都市化はピッツバーグと西部の町々がキングストンの一部になった時に起こりました。

この答えは9年生の地理の最終試験から取られたものである。これはリストにあるそれぞれの事柄の定義をするよう生徒に求めるセクションの一部である。この例が特に興味深いのは、この答えが示す学びのレベルは2つのうちどちらかだが、どちらであるかはこの素材が授業でどのように扱われたかによって決まる。もし都市化という用語が授業で取り上げられ、例も示されたのであれば、この答えは考え(I)レベルの学びを示すものである。教えられた内容を単純に繰り返しているに過ぎない。しかし、もしこの生徒が自分でこの例を思いついたのであれば、[学んでいることに]意味を見つけようとしていることの表れであり、それは学習内容をすでに知られていることに関連づけて個人的なものにした結果である。そのため、つながり(C)レベルの学びを示すものだといえる。

図3・9　パートD　定義

```
PART D: DEFINITIONS
CREEP - Committee to Re-Elect the President. This group operated under Nixon and their efforts were focused on having him win his second presidency by any means necessary. They were involved in the Watergate scandal.

Pearl Harbour, Hawaii - A U.S. naval base was the victim of a surprise airstrike by Japanese forces. Heavy losses were sustained by the American forces, and this prompted their entrance to WWII.

Bay of Pigs - Early in John F. Kennedy's presidency, he makes a significant blunder supporting Cuban exiles and urging them to overthrow their communist dictator Fidel Castro. Kennedy agrees to aid the exiles' invasion, but will not provide air support. Because of this, the invasion fails miserably and critics attack the young president.

Desegregation - Tearing down the racial barriers that had been established in America since slavery was abolished by Abraham Lincoln during the Civil War. JFK was faced with the issue of forcing the integration of black students into southern public schools because of the unwillingness of the governors to let their "states rights" be violated.
```

これらの例も、考え(I)レベルの素材をマスターしたことを示すものである。答えはいずれも11年生のアメリカの歴史で学ぶ事柄の定義かまたは説明であり、教師が[授業で]教えたかまたは教科書に書いてあることである。定義するようにという招きは考え(I)レベルの学びを示すようにと特定して求めるものである。生徒たちがそれ以上を見せることは期待されていないし、求められてもいない。

パートD　定義

CREEP
 Committee to Reelect the President。大統領再選委員会。このグループはニクソンの下で動き、彼らはどんな手段を使ってもニクソンが2期目を勝ち取れるようにする目的で動いていた。彼らはウォーターゲート事件に関与していた。
パールハーバー（ハワイ）
アメリカの海軍基地は日本軍による奇襲攻撃の犠牲になった。アメリカ軍は大きな打撃を被り、これでアメリカは第2次世界大戦に参戦することになった。
ピッグス湾事件
ジョン・F・ケネディの政権早期に、彼は重大な間違いを犯した。キューバの反体制派を支援してキューバの共産主義独裁者フィデル・カストロを倒させようとした。ケネディは亡命したキューバ人らの侵攻を助けることに合意したが、空中からの支援はしなかった。このため侵攻は大失敗に終わり、若い大統領は批判された。
人種統合
南北戦争の間にアブラハム・リンカーンによって奴隷制度が廃止されてからアメリカの社会に作られた人種間の壁を取り除くことである。ケネディ大統領は南部の公立学校で黒人の生徒を統合させる問題に直面していた。なぜなら（州の）政府は自分たちの「州の権利」が侵されるのを好まなかったからである。

第3章　ICEの汎用性　99

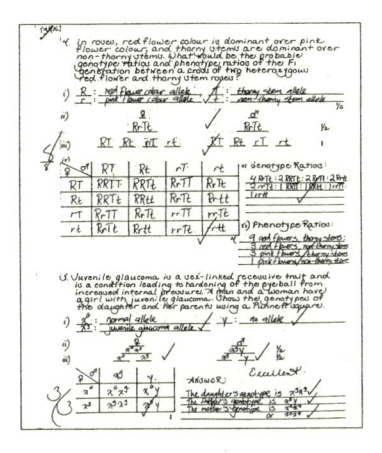

理　科

図3・10

11年生の生物学の単元ごとの試験から取ったこの例は、生物学は科学の中で特に事実しかない学問(考え、I)だと主張する人に対して、そうではないことを示している。この試験で問われている質問は生徒が基礎的な概念を定義するよりもさらに上を行くことを求めるものである。生徒たちは概念と概念の間にあるまたは問題や質問に対しての関係(つながり、C)を表現するよう求められている。

図3・11　コマドリ

この課題は1年生のプロジェクトからのもので、自分の好きな鳥について何か学ぶようにという宿題から生まれたものである。生徒たちは短く[鳥の]性質を述べるように求められたが、課題に取り掛かる前に[それぞれの鳥についての]事実をリストアップしたものが配られた。この練習は、考え(I)レベルの作品を導き出すには理想的であった。

コマドリ
コマドリは巣を作るのに裏庭の木が好きです。お母さんコマドリは3つから4つ、青緑の卵を生みます。卵が孵るとお母さんとお父さんはお腹の空いた赤ちゃんに虫を食べさせるのに忙しいです。

図3・12　科学の試験の答案

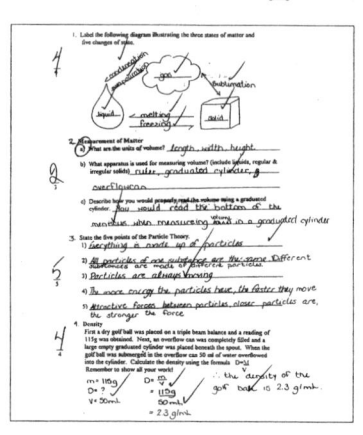

これは9年生の科学の試験からの抜粋で、意味が明確な質問を使って、考え(I)レベルの答えを導こうとしていることが明らかに示されている。いったんはつながり(C)を招くように見える最後の質問も、その書き方は単純な計算ができたことを示すだけの答えに限るものである。

算数と算数を学ぶ素地

図3・13　a-b.　真四角と三角の違いを見きわめる

幼稚園児が作ったこれらの課題は、学齢前と小学校レベルの学びはすべて考え(I)レベルに制限されなければならないという考えは誤っていることを示している。この課題は子供たちが形を見分けて分類する能力を、

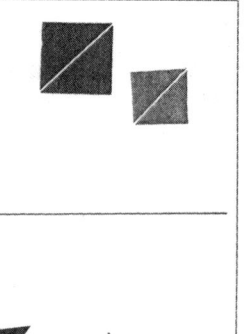

特に真四角と三角について、披露することができるよう作られた。教師にとってこの生徒たちが2人とも真四角と三角の違いを見分けることができたことは明らかであったが(考え、I)、人の子(b)はそれら2つの形の間にある関係(つながり、C)も理解していた。

図3・14　算数の答案

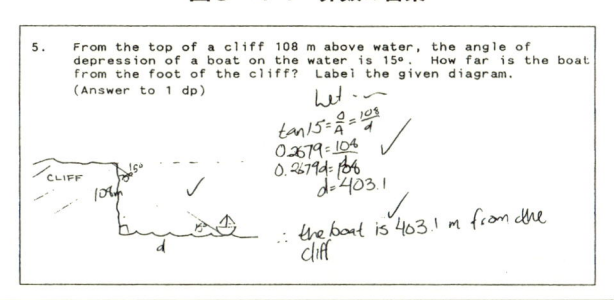

```
5. From the top of a cliff 108 m above water, the angle of
   depression of a boat on the water is 15°. How far is the boat
   from the foot of the cliff? Label the given diagram.
   (Answer to 1 dp)
                         Let
                         tan 15 = O/A = 108/d
                         0.2679 d = 108  ✓
                         0.2679 d = 108
                                d = 403.1
   [図: CLIFF 108m, 15°, ボート, d]
                         the boat is 403.1 m from the
                         cliff
```

5．水面から108メートル上の崖から、水面上にあるボートの俯角は15度である。ボートは崖のふもとからどれくらい離れているか？下に示された概略図にラベルをつけなさい(答えは1ｄｐまで)。
[答え]　ボートは崖から403.1メートル離れている。

この質問には高いレベルの詳細が含まれており、そのことと質問の一部として概要図があることも合わせると、生徒の答えは数式をそのまま当てはめる(考え、I)ことに制限されることになる。より広い答えができるような機会を与えるには、質問を書き換えて、数字で解くのではなく、崖の下からボートまでの距離を知るにはどうしたらいいか推量するよう招くことが考えられる。仮定のシナリオをそのような代替の形に変えて見ると、つながり(C)レベルの学びを示すことができるようになる。

この答えを書いた生徒が[通常は]最初に書く「____を____とすると」(考え、I)という部分を省いているにもかかわらず、この内容を理解していることをはっきりと示したことも興味深い。これは考え(I)レベルの学びが不完全だということを示すものだろうか、それとも内容をよく把握している生徒が[問題を解く]過程においてステップをいくつかまとめているのだろうか？答えのパターンから言って恐らく後者だろう。

音楽

図3・15 a-c. 音楽の答案

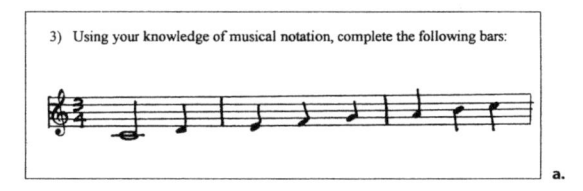

a. 3）記譜法の知識を利用して、次の小節を完成させなさい。

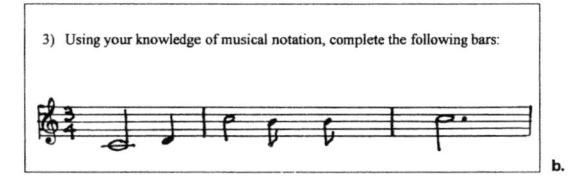

b. 3）記譜法の知識を利用して、次の小節を完成させなさい。

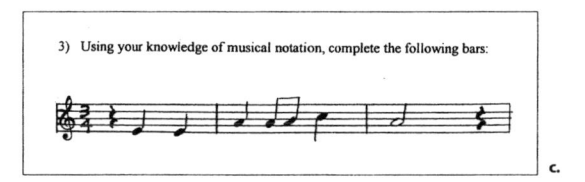

c. 3）記譜法の知識を利用して、次の小節を完成させなさい。

音楽の試験でこの問題の指示に従って書かれた答えはいずれも正しく、教師はそれぞれの生徒に満点を与えた。正しい答えの間にある違いに注目してほしい。最初の場合、この生徒はこの表現において多種類の音符を使い、楽譜の書き方に関する重要基本事項をわかっていることを示した(a)。2番目の例はそれと同じように見えるが、生徒がこの課題の中にメロディーを組み込み、自分の物にした跡が見られる(b)。3番目の例もつながり(C)レベルの学びを示すもので、生徒は休符と音符を組み合わせることができており、これはこの2つの形の間にある関係をよく理解していることを意味する(c)。

まとめ

　他のほとんどの評価モデルと同じように、ICEモデルは教師が学びというものの性質について、そして意味ある評価を通じて学びを最大限に育てる方法について信じるところから発展したものである。これは、「どれだけ」学んだかを測る試験は「どのくらい深く」学んだかを知るという教師と生徒のニーズに答えていないことと、事実を多く知っている生徒が必ずしも最も優れた学びを達成した生徒ではないことを教師が認識するようになった結果として起こった。

　学習の発達理論に基づいて、ICEは行動主義的とは違った見方から学びの過程を理解するような枠組みを教師と学習者に提供する。その結果、学びは数字に置き換えられる以上のものと見なされるようになる。計量的ではなく質的なプロセスとして考えられると、学びの特徴を評価の基準を概説するためだけでなく、学習プロセスを導くような形で述べることが可能になる。

　学習とは複合的なものである。ほかの複合的な過程がほぼ皆そうであるように、学習も基本的な要素に分解することができ、ICEはまさにその分解のための枠組みを提供する。このモデルにある3つの進歩の段階には覚えやすい略語がつけられており、この簡潔性こそが、モデルの実用性を高めている。簡潔なので、教師や生徒たちがすぐに思い出して、自らのまたは他人の課題や作品に当てはめることがしやすくなるのである。

付録　Black Line Master ＊

要素	考え	つながり	応用

訳者注：＊ Black Line Master とは、学校で教材として使用するような本の中で、著作権に関係なく、コピーして生徒たちに配ったりして使うことができるものを指す。たとえば、５０人生徒がいたら、算数のドリルを５０冊購入するのではなく、学校では一冊だけ購入して、５０部コピーして配ってもいいことになってるような本などを Black Line Master と呼ぶ。本書では、この表は自由にコピーして使っていいということと思われる。

付録　105

応用				
つながり				
考え				
要素				

参考文献

Anderman, E.M., and M.L. Maehr. "Motivation and Schooling in the Middle Grades." *Review of Educational Research* 64, no.2 (1994): 287-307.
　このレビュー論文は、組織が評価にどう影響するかを含めた学校の組織化と、そうした条件が特に思春期前の子供たちに与える影響に関する現在の研究を要約している。現行の組織の構造は子供たちを支えるような動機づけに対してマイナス効果を持つことが多いという主張がされている。

Benner, P.E. *From Novice to Expert: Excellence and Power in Clinical Nursing Practice.* Menlo Park, CA: Addison/Wesley, 1984.
　見習い看護師を教える教員の立場から、[学びの]成長を評価することについて書かれた古典的な本である。

Biggs, J.B., and K. Collis. *Evaluating the Quality of Learning: SOLO Taxonomy.* New York: Academic Press, 1982.
　現代の学習理論と教室での評価の方法を関連づけた最初の本である。例は実際に子供たちが学んでいる現場から取られており、子供たちが概念の理解をどう身に着けるかを記録している。

Philipp, R.A., A. Flores, J.T. Sowder, and B.P. Schappelle. "Conceptions and Practices of Extraordinary Mathematics Teachers." *Journal of Mathematical Behavior* 13 (1994): 155-180.
　クリエイティブな教師たちが優れた評価方法を授業にどのように取り入れているかに関する報告書である。

Qin, Z., D.W. Johnson, and R.T. Johnson. "Cooperative Versus Competitive Efforts and Problem Solving." *Review of Educational Research* 65, no. 2 (1995): 129-

143.
このレビュー論文は、生徒に学びの中で協力するよう教えると、その学びがより深いものになることを示している。

Saurino, D.R., and P.L. Saurino. "Collaborative Teacher Research: An Investigation of Alternative Assessment." Paper presented at the annual meeting of the National Middle School Association, Cincinnati, OH, 1994.
この報告書は、教師たちが評価とその有効性についてどう考えているかと、研究者が同じプロセスについてどう見ているかを対比させている。

Stiggins, R.J., and N.J. Bridgeford. "The Ecology of Classroom Assessment." *Journal of Educational Measurement* 22 (1985): 271-286.
文献の中で、教室の環境が優れた評価方法にどう影響するかについて最初に書かれた報告書のうちの一つである。

Tobias, S. "Interest, Prior Knowledge, and Learning." *Review of Educational Research* 64, no.1 (1994): 37-53.
関心とすでに[生徒が]持っている知識が持つ役割は重大であり、成長に重点を置く評価はこれら2つの重要な変数を活用して、教室における学びの質を高めることができる。

原著者の略歴

スー・F・ヤング (学士号、教育学修士号、博士号)は、授業の有効性や学生の学習を向上するための教室における評価法とその運用に関する専門職のエデュケーショナル・ディベロッパーである。彼女は、学士課程教育と大学院、そして専門職プログラムにおいてコースデザイン、カリキュラム開発、そしてコースやプログラム評価について広範囲の経験がある。ヤング博士は、現在、ICEモデルの理論的基礎を広げ、後期中等教育に応用できる新しい著書の執筆に着手している。

ロバート・J・ウィルソン(教育学士号、教育学修士号、博士号)は、カナダ・キングストンにあるクイーンズ大学におけるアセスメントや評価グループ創設委員で名誉教授である。彼は、大衆誌や学術誌のジャーナルにおいて評価やアセスメント問題に関して幅広く刊行している。彼は、学校におけるすべてのレベルの教育者と共同で仕事をしている。現在、何が学習における成長を構成するか、どうしたらそれが評価できるかにとくに関心を持っている。

監訳者の略歴

土持ゲーリー法一(つちもち　ほういち)
コロンビア大学大学院比較・国際教育学専攻にて教育学博士号取得、東京大学大学院にて教育学博士号取得。弘前大学21世紀教育センター高等教育研究開発室長・教授などを経て、現在、帝京大学高等教育開発センター長・教授。主体的学び研究所顧問
主な著書：『米国教育使節団の研究』玉川大学出版部(1991)、*Education Reform in Postwar Japan: The 1946 U.S. Education Mission*, University of Tokyo Press, 1993、『戦後日本の高等教育改革政策―「教養教育」の構築』玉川大学出版部(2006)、『ティーチング・ポートフォリオ―授業改善の秘訣』東信堂(2007)、『ラーニング・ポートフォリオ―学習改善の秘訣』東信堂(2009)、『ポートフォリオが日本の大学を変える―ティーチング／ラーニング／アカデミック・ポートフォリオの活用』東信堂(2011)、L.ディー・フィンク『学習経験をつくる大学授業法』玉川大学出版部(2011)（監訳）など

翻訳者の略歴

小野恵子(おの　けいこ)
早稲田大学法学部、ニューヨーク大学大学院(修士、ジャーナリズム)卒業。日本経済新聞社ワシントン支局記者として勤務。その後、ジョージタウン大学大学院で政治学を学び、2005年に博士号取得。大学助教授(政治学)、研究機関職員などを経て現在はコンサルタント。政治、社会・世論調査、データ分析、人口動態、医療と健康、高齢化などのテーマで翻訳・執筆・編集などの活動に携わっている。
著書：『アメリカ政治経済ハンドブック』(日興証券リサーチ・ワシントン事務所と共著、1997年、ダイヤモンド社)など

再版に際し、あとがきにかえて

ICEモデルがアクティブラーニングを「加速」させる

　スー・ヤング博士の翻訳書『「主体的学び」につなげる評価と学習方法〜カナダで実践されるICEモデル』が重版されることになった。日本の学校や大学における授業改善も「パラダイム転換」の影響を受けた裏づけである。監訳者としては、「ICEモデル」著書が「ブレイク」したと喜ばれずにはいられない。二つをつなげると、「アイスブレイク（ICE Break）」となる。この表現は、初対面のときに使用されるもので、重版の言葉としては適切ではないとの意見も聞かれるかも知れない。実は、本書の良さは緒に就いたばかりである。本書の刊行の経緯については「監訳者まえがき」で詳述しているので、そちらを参照にしてもらいたい。原書は2000年にカナダで刊行されたもので、これが監訳者の目に留まったときは「絶版」の書であった。それにもかかわらず、原書を日本語訳で出版したいと考えたのは、ICEモデルが評価（アセスメントの意味）と学習方法の双方に役立つ、簡易的なモデルであることを知ったからである。とくに、ICEモデルの動詞を効果的に活用することでアクティブラーニングを「加速」させる学習方法であることを知って「目から鱗」であった。

　ところが、中教審答申（2012年8月）でルーブリック（評価基準）が提言されたことで、ICEモデルの「評価」の側面が注目され、「ICEルーブリック」として多くの関心を集めるようになった。しかし、原書のタイトルが示唆するように、その特徴は「評価（アセスメント）」と「学習方法」の双方にあり、また、日本語タイトルにあるように、「主体的学び」につながっているところに意義がある。

　今、日本の大学では「アクティブラーニング・ブーム」が到来している。どの情報誌を見ても話題を集めている。今年の「流行語大賞」に迫る勢いである。数年前、愛媛大学で行われたアクティブラーニングに関するシンポジウムで発表したとき、参加者から「アクティブラーニング」のカタカナ英語の表現を用いないで、日本語を使用すべきだとのクレームがあったことを考えると、スピード変化である。最近では、さらに進化して「ディープ・アクティブラーニング」という新刊も出され、アクティブラーニングを加速させている。これは文科省による影響も大きい。しかし、文科省の狙いはアクティブラーニングを促進させるのではなく、「加速」させることに重点が置かれている。「加速」させるには、具体的な学習方法が問われる。『主体的学び』第2号（東信堂、2014年）では「反転授業」を特集して、アクティブラーニングの加速の事例を紹介した。

　後述のように、ICEモデルはアクティブラーニングを加速させる優れた学習方法である。その理由は、動詞の活用方法にウエイトが置かれてい

るからである。ICEのIはアイデア、すなわち、基礎的知識であり、日本の学校や大学がこれまで最も重視した「インプット」である。しかし、学びには「インプット」だけでなく、「アウトプット」の側面がある。ICT機能が普及すれば、「インプット」よりも「アウトプット」が求められるようになる。「アウトプット」とは、基礎的知識のアイデアをつなげ、関連づけることで、ICEモデルのCのコネクションにつながる。I（アイデア、基礎的知識）を重視してきた日本の大学は学びを「専門知識」の多寡で評価する傾向がある。しかし、これではアクティブラーニングの加速など「絵に描いた餅」に過ぎない。学んだ内容をどのように関連づけ（C）、そして次の応用（E）につなげるかの「パラダイム転換」が必要である。その意味からも、本書は「アイスブレイク」の役割を担っているといえる。

　本書が重版されることは、多くの読者に読んでもらった証である。本書は、もともと、初等・中等学校の教員を対象としたものであったが、刊行後、大学関係者にも関心がもたれ、広く普及している。本書の影響を受け、具体的な日本での活動にもつながった。実は、2014年12月20日に日本私立看護系大学協会研修会にスー・ヤング博士を招聘して基調講演およびワークショップを行う企画が検討され、実施された。基調講演のテーマは「ICEルーブリックとは何か」と題するものであった。午後のワークショップでは、「ICEルーブリックを体験的に学ぶ」と題して、活発なグループ研修が行われた。ヤング博士のクイーンズ大学での業務との関係もあり、頻繁に来日できないことから、他大学からもICEモデル/ルーブリックの講演依頼が殺到した。クリスマス前の多忙な時期と重なり、滞在日数も約1週間という短期間に、以下のような講演会を開催した。

　　12月12日（金）帝京大学八王子キャンパスFDフォーラムの講演は、「ICEモデル～アクティブラーニングの教授法に役立つ枠組み～」と題した。
　　12月13日（土）主体的学び研究所でのインタビューでは「ICEルーブリックの活用」を中心に録画収録した。
　　12月15日（月）広島文化学園大学では「主体的学びにつなげる評価と学習方法～カナダのICEモデルより～」と題して講演が行われた。
　　12月16日（火）長崎大学保健学科では「ICEはなぜ批判的思考を育むのか」の講演とスーパービジョンが行われた。
　　12月17日（水）は東北大学でセミナーが行われた。
　　12月19日（金）帝京大学板橋キャンパスでは「ICEモデルと看護・医療系教育における活用」と題してセミナーが行われた。

　上記の講演テーマからもわかるように、ICEモデルが多岐にわたって

紹介された。印象的であったのは、医療系の学部・学科からの要請が多かったことである。これは、従来のルーブリックが成績評価の採点などの量的評価には優れているが、学生のどこに問題があり、どこで躓いたのかを本質を知ることができないとのことから、ICEモデルによる質的評価（アセスメント）に注目が集まったものと思われる。

　各講演内容には学ぶべきことが多かった。とくに印象的であったものを紹介して読書と共有したい。

　たとえば、ICEモデルの枠組みの動詞の活用についてである。これは意思決定プロセスを支援するための作業である。すなわち、学生に模倣や復唱をして欲しいと望むなら、計算ができるようになって欲しいと望むなら、それは「基礎的知識」（I）の枠組みに入る。しかし、授業後に学生に学んだ概念を応用できるようになって欲しい、適用できるようになって欲しい、組織だって物事がとらえるようになって欲しい、解釈できるようになって欲しいと望むならば、それは「つながり」（C）を形成する枠組みということになる。もし、学生に分析して欲しい、あるいは批判的に評論して欲しいと期待するのであれば、「応用」（E）の枠組みに入る。動詞活用リストのどれを選んだかで、何を学生に期待するのか教員として知っておくことが重要である。なぜなら、それによって学習方法も変わるからである。重要なことは、批判的思考ができているかどうかで、「つながり」や「応用」を実践しているのが、教員ではなく、学生でなければならない。

　具体的な事例として、クイーンズ大学ではすべての教員に対して、担当コースにおいて何を期待しているか学習成果を授業シラバスに書かせている。これまでは、教員は学生がコースを履修することで、「〇〇が理解できる」ようになると記述し、〇〇の部分を埋めることが多かった。しかし、現在ではICEモデルの動詞活用リストを参照にしながら、どのような学習成果や枠組みを期待しているのかについて書かせている。すなわち、期待している枠組みが基礎的知識（I）なのか、つながり（C）なのか、応用（E）なのかを明確にすることで、学習方法や評価（アセスメント）につなげられるようにしている。どのようなアセスメントをするかは、学生にどのような学習をして欲しいかにもつながる。したがって、どのような学習方法を用いるのか、その関係性がきわめて重要になる。どのような学習方法を望むかで教授戦略も変わる。もし、学生に期待する枠組みが「つながり」や「応用」であるならば、クラスの一部にアクティブラーニングを入れることが望ましい。

　ヤング博士の講演では、いくつかのキーワードも紹介された。その一つが「バクワードデザイン」である。これは文字通り、「後ろからデザイン」を意味するものである。授業デザインをするとき、教員に最

初に尋ねる質問は、「授業終了後に学生が何を学ぶことができるようになって欲しいか」である。「終了後」とあるように、「最後からデザインする」ことを意味する。ここでは、ラーニング・アウトカム（学習成果）を求めることになるので、どのようなアセスメントが必要かということになる。北米では、多くの教員が「バックワードデザイン」を用いているが誤解もある。なぜなら、多くの教員は、「授業終了後に学生に何を教えることができたか」と教員の視点に立っているが、「授業終了後に学生が何を学ぶことができるようになって欲しいか」という学生の視点に立ったものでなければならない。同様に、多くの教員はどのような教授戦略を立てるべきかを最初に考えるが、学生に何を学んで欲しいかを考えるべきで、その後、そのためにはどのような教授戦略が学生の学習に役立つかを考えるべきである。これが「バックワードデザイン」の意味である。すなわち、多くの教員は授業デザインを最初からはじめ、肝心な学生の成績評価が「後回し」になることが多い。ヤング博士は、「バックワードデザイン」を「トンネル掘り」のアナロジーで紹介した。トンネルを最初から掘りはじめると、どこにいきつくかわからないとの喩えである。

次のキーワードは、"Meaning-Making"である。これは学びのプロセスについてのもので、ヤング博士は学生に個々のアイデアだけでは学びにならない、アイデアをつなげて全体的なつながりを持たせることで「深い学び」となる。この学びのプロセスが"Meaning-Making"であると説明している。これが起こるのがCのコネクションの枠組みである。Cのコネクションに至るまでのIのアイデアはバラバラな状態のもので、記憶に留まらないことが多い。なぜなら、何にも「つながっていない」（"Not Attached"）からである。たとえば、多くの学生の最終試験では「記憶中心」である。したがって、2週間後には何も覚えていない。なぜなら、基礎的知識のIのアイデアが「ステック」（"Stick Together"）していないからである。その結果、最終試験の成績は良くても、教科書の内容を良く理解していないことが多々ある。いわゆる、表面的な学びである。このように"Meaning-Making"とは学びのプロセスを指すもので、"Meaning-Making"とはコネクションのことである。

ヤング博士は、ICEモデルの簡潔さ、その持ち運びの利便さを特徴の一つにあげているが、ICEモデルの良さはその「多様性」にある。すなわち、評価（アセスメント）にも学習方法にも多用することができる魅力が内在している。

2015年2月

土持ゲーリー法一

「主体的学び」につなげる評価と学習方法―カナダで実践されるICEモデル―

| 2013年5月15日 | 初　版第1刷発行 | 〔検印省略〕 |
| 2022年3月31日 | 初　版第5刷発行 | 定価はカバーに表示してあります。 |

監訳者 © 土持ゲーリー法一／発行者 下田勝司　　印刷・製本／中央精版印刷株式会社

東京都文京区向丘1-20-6　　郵便振替 00110-6-37828
〒113-0023　TEL(03)3818-5521　FAX(03)3818-5514　　発 行 所
Published by TOSHINDO PUBLISHING CO., LTD.　　株式会社 東信堂
1-20-6, Mukougaoka, Bunkyo-ku, Tokyo, 113-0023, Japan
E-mail : tk203444@fsinet.or.jp　http://www.toshindo-pub.com

ISBN978-4-7989-0175-6　C3037　　© Tsuchimochi Hoichi

東信堂

ICEモデルで拓く主体的な学び——成長を促すフレームワークの実践 附属新潟中式「3つの重点」を生かした確かな学びを促す授業——教科独自の眼鏡を育むことが「主体的・対話的で深い学び」の鍵となる！	新潟大学教育学部 附属新潟中学校 編著	二〇〇〇円
非常事態下の学校教育のあり方を考える——学習方法の新たな模索	柞磨昭孝	二〇〇〇円
社会に通用する持続可能なアクティブラーニング——ICEモデルが大学と社会をつなぐ	土持ゲーリー法一	二〇〇〇円
ポートフォリオが日本の大学を変える——ティーチング/ラーニング/アカデミック・ポートフォリオの活用	土持ゲーリー法一	二五〇〇円
ティーチング・ポートフォリオ——授業改善の秘訣	土持ゲーリー法一	二〇〇〇円
ラーニング・ポートフォリオ——学習改善の秘訣	土持ゲーリー法一	二五〇〇円
「主体的学び」につなげる評価と学習方法——カナダで実践されるICEモデル	S.ヤング&R.ウィルソン著 土持ゲーリー法一訳	二〇〇〇円

学びと成長の講話シリーズ （溝上慎一 著）

主体的学び 創刊号	主体的学び研究所編	一八〇〇円
主体的学び 2号	主体的学び研究所編	一六〇〇円
主体的学び 3号	主体的学び研究所編	一六〇〇円
主体的学び 4号	主体的学び研究所編	二〇〇〇円
主体的学び 5号	主体的学び研究所編	一八〇〇円
主体的学び 別冊 高大接続改革	主体的学び研究所編	一八〇〇円
主体的学び 6号	主体的学び研究所編	一八〇〇円
主体的学び 7号	主体的学び研究所編	二二〇〇円
①アクティブラーニング型授業の基本形と生徒の身体性		一〇〇〇円
②学習とパーソナリティ——「あの子はおとなしいけど成績はいいんですよね！」をどう見るか		一六〇〇円
③社会に生きる個性——自己と他者・拡張的パーソナリティ・エージェンシー		一五〇〇円
高校生の学びと成長に向けた「大学選び」	溝上慎一	九〇〇円

〒113-0023 東京都文京区向丘1-20-6　TEL 03-3818-5521　FAX 03-3818-5514　振替 00110-6-37828
Email tk203444@fsinet.or.jp　URL:http://www.toshindo-pub.com/
※定価：表示価格（本体）＋税